Besser in Deutsch

Grammatik 7.–10. Schuljahr

BESSER IN DEUTSCH

GRAMMATIK 7.–10. SCHULJAHR

Mit Hilfen zur Zeichensetzung

von Peter Kohrs

Cornelsen
SCRIPTOR

Die Deutsche Bibliothek – CIP-Einheitsaufnahme

Besser in Deutsch. – Frankfurt am Main: Cornelsen Scriptor
(Lernhilfen von Cornelsen Scriptor)
Grammatik.
Schuljahr 7 – 10/von Peter Kohrs. – 1992
ISBN 3-589-20933-X

1. Auflage 1992

5.	4.	3.	2.	1.	Die letzten Ziffern bezeichnen
96	95	94	93	92	Zahl und Jahr des Drucks

Redaktion: Marion Clausen, Frankfurt am Main
Herstellung: Ursula Biehl-Vatter, Frankfurt am Main
Umschlaggestaltung: Studio Lochmann, Frankfurt am Main
Illustrationen: Klaus Puth, Mühlheim
Satz: Steffen Hahn FotoSatzEtc., Kornwestheim
Druck und Bindearbeiten: Druckerei Gutmann GmbH, Heilbronn
Vertrieb: Cornelsen Verlagsgesellschaft, Bielefeld
Printed in Germany
ISBN 3-589-20933-X
Bestellnummer 209330

Inhalt

Wie du mit diesem Buch arbeiten kannst

Dieses Buch soll Schülerinnen und Schülern der Schuljahre 7 bis 10 helfen, ihre Grammatikkenntnisse zu verbessern. Grammatische Fähigkeiten sind notwendig, damit du im Fach Deutsch gut zurechtkommst (siehe Seite 00). Diese Kenntnisse helfen dir zum Beispiel auch bei der Rechtschreibung (Erkennen von Wortarten) und bei der Kommasetzung (Erkennen von Hauptsatz und Gliedsatz/Nebensatz). Wenn du eine Inhaltsangabe abfassen willst, mußt du wissen, wie man den Konjunktiv bei der indirekten Rede gebraucht (vergleiche dazu das Kapitel Modus des Verbs).

Wenn du systematische Kenntnisse über deine Sprache hast, hilft dir das auch außerhalb der Schule. Du kannst dann Äußerungen und Texte im Alltag besser verstehen und die Absichten von Sprechern und Schreibern leichter durchschauen.

Das Buch behandelt die wichtigsten Bereiche aus dem Grammatikunterricht und gibt zusätzlich an passenden Stellen Hilfen für die Rechtschreibung und Zeichensetzung.
Es bietet zu allen Kapiteln Übungen, die du zur Wiederholung und Festigung bearbeiten kannst; es enthält darüber hinaus an vielen Stellen knappe Zusammenfassungen, mit denen du dich schnell über ein Thema informieren kannst.

Damit du dir nichts Falsches einprägst, solltest du deine eigenen Lösungen immer mit denen im Lösungsheft vergleichen.

Im Kapitel „Was du bisher gelernt hast“ wird der Stoff des 5. und 6. Schuljahres kurz wiederholt.
Die nächsten vier Kapitel bilden den Hauptteil der Lernhilfe. Sie enthalten den neuen Stoff für die Schuljahre 7 bis 10:

- Modus des Verbs
- Modalverben
- Aktiv und Passiv
- Satzreihe, Satzgefüge und Kommasetzung.

Du kannst die Themenbereiche systematisch durcharbeiten, um dich in Grammatik fit zu machen. Du kannst aber auch einzelne Probleme nachschlagen, in denen du unsicher bist. Im Kapitel „Wozu Grammatik?“ kannst du dich noch einmal testen.
Im Anhang werden wichtige Bereiche der Grammatik im Überblick dargestellt. Hier findest du auch ein Verzeichnis der grammatischen Begriffe und das Stichwortverzeichnis.

Die Symbole am Rand der Seiten bedeuten:

Die Lösung einer Aufgabe soll auf ein gesondertes Blatt oder in ein Heft geschrieben werden.

Die Lösung kann in das Buch eingetragen werden.

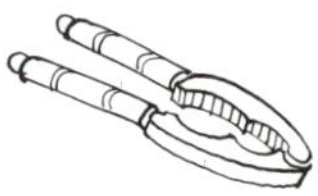

Hier ist eine besonders schwierige Aufgabe zu lösen.

An dieser Stelle werden Hilfen oder Regeln angegeben.

Der Fuchs wird dich durch dieses Buch begleiten.

Was du bisher gelernt hast

1. Zu den Wortarten

Man kann die Wörter unserer Sprache nach Wortarten ordnen. Mit Nomen/Substantiven zum Beispiel kann der Sprecher oder Schreiber Lebewesen, Pflanzen, Dinge und abstrakte Sachverhalte benennen: Junge, Hund, Birke, Radiergummi, Freundschaft.

Jede einzelne Wortart hat im Satz eine bestimmte Aufgabe.

So spielt das Verb (lat. verbum = Wort) im Satz eine ganz wichtige Rolle. In jedem grammatisch vollständigen Satz gibt es ein Verb; in unvollständigen Sätzen denkt der Sprecher/Schreiber das Verb mit:

Kirsten hat heute Geburtstag.
Peter gratuliert ihr herzlich.
Feuer!
Danke!

Das Adjektiv kennzeichnet im Satz ein Nomen oder eine Tätigkeit genauer:

Der kleine Junge mag *bunte* Luftballons.
Maria singt *schön.*

Hauptwortarten sind: Nomen/Substantiv, Verb und Adjektiv. Sie machen etwa 90 % des Wortschatzes aus.

Überblick über die Wortarten

<table>
<tr><th>lateinische Bezeichnung</th><th>deutsche Bezeichnung</th><th>kurze Erläuterung</th><th>Beispiele</th><th>gebeugt oder nicht gebeugt</th></tr>
<tr><td>Nomen/ Substantiv</td><td>Namenwort/ Hauptwort</td><td>Das Nomen benennt Lebewesen, Dinge, Vorstellungen; im Satz spielen Nomen bestimmte Rollen, z. B. Subjekt und Objekt. Beispiel für Deklination (Beugung) eines Nomens:
<table><tr><th>Kasus</th><th>Singular</th><th>Plural</th></tr><tr><td>1.</td><td>der Junge</td><td>die Jungen</td></tr><tr><td>2.</td><td>des Jungen</td><td>der Jungen</td></tr><tr><td>3.</td><td>dem Jungen</td><td>den Jungen</td></tr><tr><td>4.</td><td>den Jungen</td><td>die Jungen</td></tr></table></td><td>der Mann,
das Lineal,
die Wahrheit</td><td>wird im Satz gebeugt (dekliniert) in vier Kasus (Fällen) im Singular und Plural</td></tr>
<tr><td>Pronomen</td><td>Fürwort</td><td>Das Pronomen ersetzt häufig ein Nomen, oder es ist Begleiter des Nomens.</td><td>ich, du, er…,
dieser Junge</td><td>kann gebeugt werden</td></tr>
<tr><td>Artikel</td><td>Begleiter/Geschlechtswort</td><td>Der Artikel ist der Begleiter des Nomens/ Substantivs; er gibt das grammatische Geschlecht an; man unterscheidet den bestimmten Artikel (der, die, das) und den unbestimmten Artikel (ein, eine, ein).</td><td>der Tisch,
die Schublade,
das Regal, ein Tisch,
eine Schublade,
ein Regal</td><td>wird mit dem Nomen zusammen gebeugt</td></tr>
</table>

lateinische Bezeichnung	deutsche Bezeichnung	kurze Erläuterung	Beispiele	gebeugt oder nicht gebeugt
Verb	Tätigkeits-wort/Tuwort/ Zeitwort	Das Verb kann eine Tätigkeit, einen Zustand, einen Vorgang bezeichnen. Mit Verben können Zeitangaben gemacht werden. Im Satz bildet das Verb den Kern, die Satzaussage. Beispiel für Konjugation (Beugung) eines Verbs: Person | Singular (Präsens) | Plural (Präsens) 1. | ich laufe | wir laufen 2. | du läufst | ihr lauft 3. | er/sie/es läuft | sie laufen	laufen, liegen, regnen er lief, ich liege Sonja **hilft** ihrem kleinen Bruder bei den Hausaufgaben.	kann **gebeugt** (konjugiert) werden. Die konjugierten Formen drücken aus: Person/ Numerus/ Tempus/Modus.
Adjektiv	Eigenschafts-wort/Wiewort	Das Adjektiv drückt aus, wie etwas ist; gibt Eigenschaften von Lebewesen, Dingen und Vorgängen an. Das Adjektiv kann ein Nomen, eine Tätigkeit oder ein zweites Adjektiv näher kennzeichnen.	ein fröhliches Mädchen, er singt laut, schön warm	kann wie das Nomen **gebeugt** werden
Numeral	Zahlwort	Das Numeral gibt Zahlen wieder. Zahlwörter sind überwiegend Adjektive und werden dann gebeugt. Manchmal sind sie auch Nomen; manchmal auch Adverbien. Man unterscheidet: Grundzahl (Kardinalzahl): eins, zwei ... Ordnungszahl (Ordinalzahl): der erste, ...	zwei Jungen der Erste erstens	**teilweise gebeugt** (z. B. als Adjektiv und Nomen)

lateinische Bezeichnung	deutsche Bezeichnung	kurze Erläuterung	Beispiele	gebeugt oder nicht gebeugt
Adverb	Umstands-wort	Das Adverb bestimmt die Umstände eines Geschehens genauer; es gibt an, wo, wann, wie, warum etwas geschieht.	draußen, morgen, möglicherweise, darum	Diese Wörter werden auch Fügewörter oder Partikel (wörtlich: kleine Teilchen) genannt. Sie können **nicht gebeugt** werden.
Präposition	Verhältnis-wort/Füge-wort	Die Präposition fordert in der Regel beim Nomen einen bestimmten Kasus (Fall); sie drückt unterschiedliche Beziehungen und Verhältnisse aus (z. B.: Ort, Zeit, Grund). Im Satz fügt sie Satzglieder als zusätzliche Angaben in den Satz ein.	unter dem Stuhl, wegen des schlechten Wetters Er sang aus voller Kehle.	
Konjunktion	Bindewort	Die Konjunktion verbindet Wörter, Satzglieder und Sätze miteinander. Es gibt zwei Arten von Konjunktionen: a) Konjunktionen, die gleichrangige Teile miteinander verbinden, b) Konjunktionen, die einen Teil dem anderen unterordnen.	a) und, oder, aber, sowie … (Jochen **und** Maria) b) weil, wenn, während … (Peter geht ins Kino, **weil** der Film empfohlen wurde.)	
Interjektion	Empfindungs-wort/Ausrufe-wort	Die Interjektion bringt Empfindungen zum Ausdruck. Sie bildet oft einen Kurzsatz.	Pfui! Aua!	

1 Hier sind Wörter verschiedener Wortarten durcheinandergeschüttelt. Ordne sie nach den angegebenen Bezeichnungen, und schreibe sie in der üblichen Rechtschreibung auf. Denke daran, daß nur Nomen/Substantive groß geschrieben werden.

Nomen: Baum, Festessen, Feuer, Freundschaft, Haus, Hoffnung, Riese

Verb: anfeuern, freuen, hoffen, kam, läuft

Adjektiv: dünn, freundlich, riesig

unbestimmter Artikel: ein, eines

bestimmter Artikel: das, dem, des

Überprüfe mit Hilfe der folgenden Zusammenstellung, ob du alle Wörter richtig zugeordnet hast.

Wie man die Hauptwortarten unterscheiden kann:
Nomen: Man kann einen Artikel davorsetzen: ein Kind, die Palme...
Verben: Man kann sie beugen (konjugieren): sie laufen, Petra läuft...
Adjektive: Man kann sie zusammen mit einem Nomen beugen (der freundliche Mann), und man kann sie steigern (freundlich, freundlicher...).

2 Schreibe aus dem Comic-Text alle Nomen heraus, setze den bestimmten Artikel davor.
Unterstreiche in dem Text alle Verbformen, kennzeichne die Adjektive mit einer Wellenlinie.

Wenn andere Wortarten zu Nomen werden . . .

Auch die Wörter anderer Wortarten können im Satz zum Nomen werden.
Ob eine Wortart als Nomen/Substantiv gebraucht wird, kann man oft an seinem Begleiter erkennen. Dieser Begleiter kann sein:

a) ein Artikel (oft ist der Artikel angegeben, wenn nicht, könnte man ihn vor das zum Nomen gewordene Wort setzen):
Hier ist **(das)** Laufen nicht erlaubt.
Das Wenn und Aber . . .
Das Mein und Dein . . .

b) ein Pronomen: **Sein** Klagen war unbegründet.

c) ein Adjektiv: Manchmal ist (ein) **schnelles** Schreiben notwendig.

d) eine Präposition: Sie ging **zum** Spielen. Sie war **am** Arbeiten.

e) ein Wort wie: wenig, alles, viel, etwas, nichts, allerlei . . .:
Er erfuhr **viel** Neues.

3 In jedem der folgenden Sätze wird einmal eine Wortart zum Nomen und groß geschrieben. Unterstreiche jeweils das entsprechende Wort. Schreibe in die Klammer den passenden Buchstaben a bis e nach der Aufstellung oben.

( ) ER WÜNSCHTE IHR FÜR DAS NEUE JAHR ALLES GUTE.

( ) BEIM SPRINGEN VERLETZTE SICH TINA AM KNÖCHEL.

( ) HIER IST RAUCHEN NICHT GESTATTET.

( ) BEI DER VERANSTALTUNG IN DER AULA WAR EIN DAUERNDES KOMMEN UND GEHEN.

( ) MAN SOLLTE MANCHMAL AUCH AN DAS MORGEN DENKEN.

( ) HIER GIBT ES WENIG NEUES.

( ) IHN STÖRTE IHR VERSPÄTETES KOMMEN.

4 Wenn man in einem Text zu viele Substantivierungen gebraucht, klingt das oft schwerfällig und umständlich. Setze in den folgenden Sätzen statt dessen ein Verb ein. Du darfst dabei die Sätze auch umstellen.

Die Vorschläge werden einer sorgfältigen Prüfung unterzogen.

Für die Beseitigung der wilden Müllkippen muß Sorge getragen werden.

Gestern kam in der Aula ein Theaterstück der Theater-AG zur Aufführung.

Der Rat der Fachleute muß in Erwägung gezogen werden.

Die nochmalige genaue Überprüfung der Aufgaben wird in Wegfall kommen.

Das Aussetzen von Haustieren ist unter Strafe gestellt.

Zu Beginn der Feier erfolgte seitens des Schulleiters die Vorstellung der Mitwirkenden zwecks Bekanntmachung gegenüber den anwesenden Schülern.

5 Für manche Texte und Situationen wirkt der Nominalstil prägnanter und klarer, zum Beispiel in dem folgenden Aufruf:

Wir fordern für das Tierheim

- das Anlegen artgerechter Käfige
- die Einstellung eines Tierpflegers
- eine großzügige Förderung durch die Gemeinde

Unterstreiche in diesem Aufruf die Nomen, die mit einem Verb verwandt sind.

Dies weißt du ja sicher noch aus dem 5. und 6. Schuljahr:

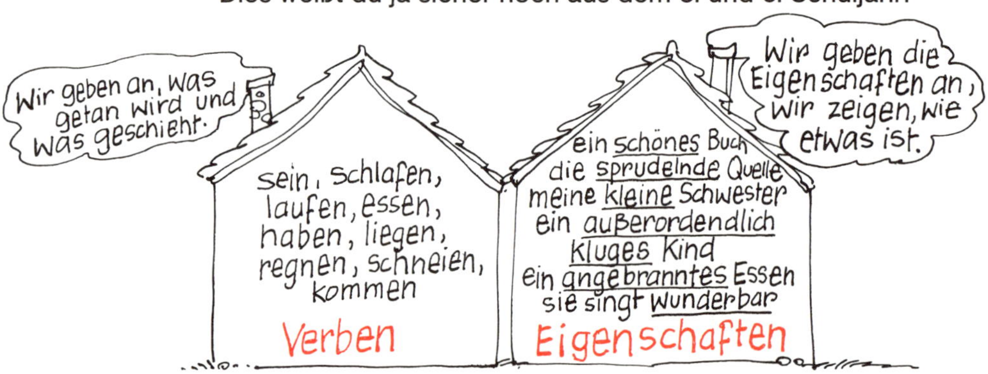

6 Unterstreiche, welche Verbformen in dem folgenden Gedicht falsch gebeugt sind. Schreibe die richtigen Verbformen jeweils daneben.

Ein schlechter Schüler *(Bruno Horst Bull)*

Als ich noch zur Schule gehte, ____________
zählte ich bald zu den Schlauen, ____________
doch ein Zeitwort recht zu biegen, ____________
bringte immer Furcht und Grauen. ____________

Wenn der Lehrer mich ansehte, ____________
sprechte ich gern falsche Sachen, ____________
für die andern Kinder alle ____________
gebte das meist was zum Lachen. ____________

Ob die Sonne fröhlich scheinte ____________
oder ob der Regen rinnte: ____________
wenn der Unterricht beginnte, ____________
sitzt' ich immer in der Tinte. ____________

Ob ich schreibte oder leste, ____________
Unsinn machtete ich immer, ____________
und statt eifrig mich zu bessern, ____________
werdete es nur noch schlimmer. ____________
[...]

Suche die fünf Adjektive heraus, und schreibe sie auf.

____

____

Eines der Adjektive erscheint in der Steigerungsstufe des Komparativs. Unterstreiche es in deiner Auflistung.

Das Verb und seine Tempusformen

Mit den verschiedenen Tempusformen kann sich ein Sprecher/ Schreiber von seinem Sprecherstandpunkt aus auf verschiedene Zeiten beziehen. Dies hast du in der 5. und 6. Klasse gelernt.

7 Bestimme Tempusformen und Zeitverweis in dem Comic „Hägar der Schreckliche" auf S. 14. Das letzte Bild kannst du weglassen.

Beispiel: du wolltest – vergangen (Imperfekt)

8 Unterstreiche in dem folgenden Märchenanfang die Verbformen, und setze sie in die Tempusform **Präteritum** (Vergangenheit).

Eine Frau hat zwei Töchter, eine davon ist schön und fleißig, die andere häßlich und faul. Die häßliche und faule Tochter aber hat sie viel lieber, weil sie ihre richtige Tochter ist, und die andere tut alle Arbeit.
Das arme Mädchen muß sich täglich auf den Brunnen an der Straße setzen und so viel spinnen, daß ihr das Blut aus den Fingern springt.
Nun trägt es sich zu, daß die Spule einmal ganz blutig ist, da bückt es sich damit in den Brunnen und will sie abwaschen.
Die Spule springt ihm aber aus der Hand und fällt hinab. Das Mädchen weint, läuft zur Stiefmutter und erzählt ihr das Unglück...

____

____

____

____

9 Setze in den folgenden Bericht passende Tempusformen ein, die auf die Vergangenheit hinweisen. Einmal mußt du das Plusquamperfekt (Vorvergangenheit) einsetzen.
Die entsprechenden Infinitive der Verben sind:
bringen, radeln, haben, treffen, wollen, verirren.

Nonne ______________ auf Autobahn

Ein Adventserlebnis besonderer Art ______________ zwei Polizisten. Mitten auf der Autobahn ______________ sie eine Nonne – auf dem Fahrrad.

Die 70jährige Ordensfrau ______________ zu Bekannten fahren. Sie ______________ sich an einer Ampel von der normalen Straße auf die Autobahn ______________.

Die freundlichen Polizisten ______________ daraufhin die Nonne samt Fahrrad im Streifenwagen zum Zielort.

10 Schreibe aus dem folgenden Text heraus:

1 Verbform im Präsens: ______________________________

2 Verbformen im Perfekt: ______________________________

____

2 Verbformen im Plusquamperfekt: ______________________

____

Exotischer Besuch

Exotischer Besuch im Norden Deutschlands: Ein Marabu aus dem fernen Afrika hat sich nach Schleswig-Holstein verirrt. Einem Spaziergänger war es bereits vor etwa einer Woche gelungen, das Tier von weitem zu fotografieren. Jetzt, nachdem sich der Marabu, der eine Flügelspannweite von 2,60 Metern hat, auf einem Hof bei Rendsburg häuslich niedergelassen hatte, konnte er eingefangen werden. Mitarbeiter des Vogelschutzbundes kümmern sich um das entkräftete Tier. Wenn es sich – dank Katzenfutter und frischer Leber – erholt hat, soll es in einen Tierpark umsiedeln.

Artikel und Pronomen

Diese beiden Wortarten sind Begleiter und Stellvertreter des Nomens. Auch dies hast du bereits gelernt.

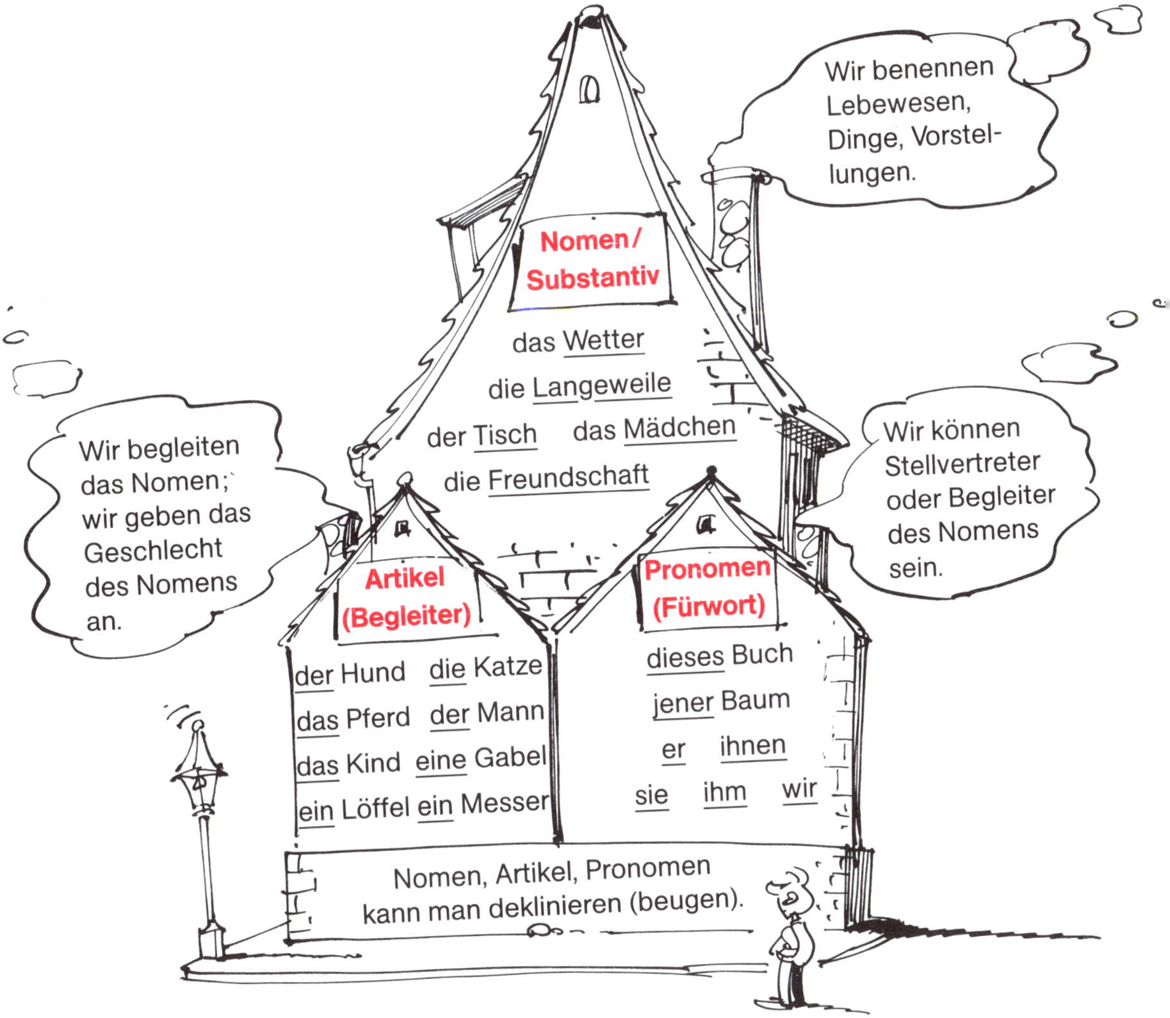

11 In dem folgenden Bericht gibt es 6 Artikel und 6 Pronomen. Unterstreiche.

Angst um die Haarpracht

Langhaarige Frauen bangen in der zweitgrößten brasilianischen Stadt um ihre Haarpracht.

Straßendiebe schneiden diesen Frauen blitzschnell die Haare ab. Grund für diese Gewaltaktionen: Friseure zahlen für einen „Pferdeschwanz" bis zu 100 Mark.

Die Polizei empfiehlt den Frauen, ihre Haare zum Knoten zu binden oder sie unter ihrem Kopftuch oder Hut zu verstecken.

> Wenn man die Wortarten Nomen, Artikel, Pronomen, Verb und Adjektiv im Satz gebraucht, können sie ihre Form verändern. Man kann sie beugen, konjugieren (das Verb) und deklinieren (die anderen Wortarten).

12 Verändere die folgenden Wortarten im Zusammenhang des Satzes. Schreibe den Satz richtig auf.

Artikel/Nomen: Das Fell (der Hund) glänzt.

___

Pronomen/Nomen: In (diese Häuser) müßte einiges renoviert werden.

___

___

Pronomen/Verb: Gestern (sehen) ich Simone und Kurt zusammen im Kino.

___

___

Artikel/Adjektiv/Nomen: Sie schenkte (der kleine Junge) einen roten Lutscher.

___

___

Die Partikel

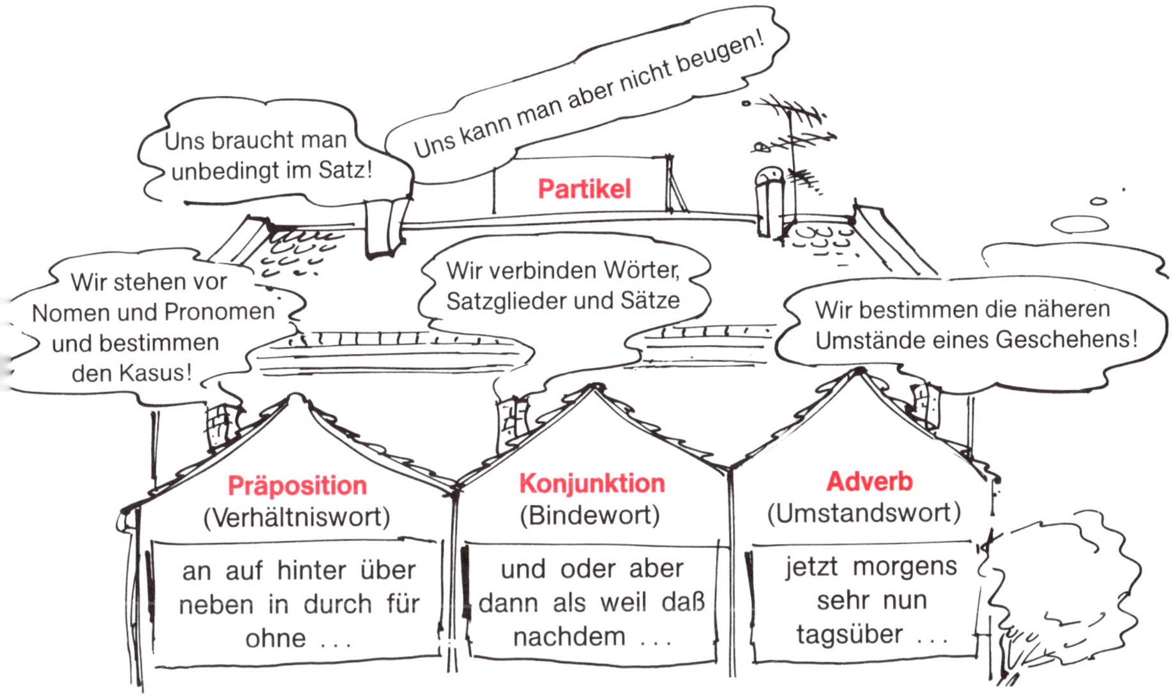

Partikel heißt wörtlich übersetzt kleines Teilchen. Man nennt so die kleinen Wörter im Satz, die man nicht beugen kann. Sie heißen auch **Fügewörter**, weil sie Wörter, Satzglieder oder Sätze in einen Satz einfügen.

Ohne Partikel geht es nicht!

13 In dem folgenden Text fehlen Partikel. Setze an den gekennzeichneten Stellen jeweils ein passendes Wort ein:

nicht, bei, durch, mit, daß, noch nicht, an, im, von, in, von.

Geschichte ↓ Herrn M. *(Helmut Glatz)*

„Ist Ihnen ↓ gut?" erkundigt sich ein Spaziergänger ↓ Herrn M., der sich krampfhaft ↓ einem kleinen Baum ↓ Park festklammert. „Was heißt gut?" fährt ihn Herr M. an. „Haben Sie ↓ gehört, ↓ die Erde ↓ einer Geschwindigkeit ↓ 30 Kilometern ↓ der Sekunde ↓ das Weltall rast?"

2. Zum Satz

Ein Satz ist gegliedert: Satzglieder (Satzteile)

Ein Satz ist gegliedert. Bausteine in Sätzen sind die Satzglieder, ein Wort, Wörter oder Wortgruppen in einer bestimmten Ordnung. Dies merkt man, wenn man den Satz umstellt. Bei der Umstellung des Satzes (Umstellprobe) kann man die Satzglieder nur gemeinsam umstellen. Die dabei zusammenbleibenden Wortgruppen oder das entsprechende Einzelwort nennt man **Satzglied**.

Die beiden Mädchen | backen | leckere Waffeln .

Leckere Waffeln | backen | die beiden Mädchen .

Backen | die beiden Mädchen | leckere Waffeln ?

Im Aussagesatz steht die konjugierte Verbform an zweiter Stelle der Satzglieder, im Fragesatz steht sie vorn.

Dies ist kein Satz; die Satzglieder sind auseinandergerissen:

Mädchen beiden Die backen Waffeln leckere.

Auch ein ganzer Satz kann die Aufgabe eines Satzgliedes übernehmen. Dies kann man herausfinden, wenn man ein Satzglied durch einen Gliedsatz ersetzt (Ersatzprobe).

Satzglied

Bei Beginn der Pause | gehen | alle Schüler | nach draußen .

Gliedsatz

Wenn die Pause beginnt , | gehen | alle Schüler | nach draußen

14 Kennzeichne bei folgendem Satz die Satzglieder mit Hilfe der Umstellprobe. Stelle so oft um wie möglich. Bilde auch den Fragesatz.

Der listige Lernfuchs Felix Fuchs kennt alle raffinierten Tricks.
Alle raffinierten …

15 Mache die Ersatzprobe, und ersetze die jeweils unterstrichenen Teile durch ein Satzglied oder durch einen Gliedsatz.

Weil es regnet, fällt der Wandertag aus.

Wegen ______________________________

Nach Beendigung des Spiels verlassen die Zuschauer das Stadion.

______________________, ______________________

______________________ ______________________.

Gegen Abend kehrten sie zurück.

Als ______________________, ______________________

______________________ ______________________.

Wegen eines schweren Gewitters fiel der Sender aus.

Weil ______________________, ______________________

______________________ ______________________.

Ich warte auf dein Kommen.

Ich warte darauf, daß ______________________.

Deine Hilfe finde ich großartig.

Daß ______________________, ______________________.

Subjekt, Prädikat und Objekt spielen die wichtigsten Rollen

Subjekt und Prädikat gibt es in jedem grammatisch vollständigen Satz.

Der Junge hustet.

Subjekt: wer?/was?	**Prädikat** (was tut er/sie/es?)
Der Junge	hustet.

Der kleine Junge Die erkältete alte Frau Jeder Schüler Das Mädchen, das sich erkältet hat,	hustet.
Der Junge	schläft. niest. röchelt.

Die Objekte sind notwendige, vom Verb geforderte Satzglieder.

Der Vater schenkt der Tochter das Buch.

Subjekt	*Prädikat*	*Dativobjekt:* wem?	*Akkusativobjekt* (wen?/was?)
Der Vater	schenkt →	der Tochter	das Buch.

Bei bestimmten Verben (Tätigkeitswörtern) sind im Satz zusätzliche Rollen gefordert:

Der Vater | schenkt → wem? | was?

a) Akkusativobjekt — Er unterstützt → [wen?/was?]
(z. B. betrachten, besuchen)

b) Dativobjekt — Er hilft → [wem?]
(z. B. begegnen, entgehen, glauben)

c) Akkusativobjekt + Dativobjekt — Er schenkt → [wem?] [was?]
(z. B. zeigen, geben)

d) Genitivobjekt — Er bedarf → [wessen?]
(z. B. sich entziehen, bedürfen)

e) Objekt mit Präposition: Hier bestimmt eine Präposition den Fall. — Er wartet auf → [wen?]
(z. B. bangen um, sprechen mit)

Auch in der Rolle der Objekte lassen sich unterschiedliche Ausdrücke einsetzen (Ersatzprobe). Immer aber muß der entsprechende Kasus (Fall) passen.

Der Vater	schenkt	der Tochter	das Buch .
		ihr	ein Fahrrad
		seinem Kind	dieses schöne Spiel
		dem kleinen Jungen	

16 Teste dich selbst. Kennzeichne in den folgenden Sätzen Subjekt und Prädikat durch einen Rahmen. Ersetze das jeweilige Subjekt durch eine andere Formulierung, und schreibe sie darüber.

Die Klasse 8 a besucht auf der Rückfahrt von Norderney die

Seehundaufzuchtstation in Norden.

Ein Mann füttert gerade einen Heuler.

17 Unterstreiche in den folgenden Sätzen die Satzglieder in der Rolle der Objekte, und bestimme sie nach ihrer Rolle im Satz. Schreibe die Abkürzung über das jeweilige Satzglied.
Akkusativobjekt (AO)
Dativobjekt (DO)
Genitivobjekt (GO)
Objekt mit Präposition (PO)

Der Leiter der Aufzuchtstation erklärt den Schülern die Zusammenhänge.

Die jungen Seehunde bedürfen intensiver Pflege.

Die Schüler warten auf die Fütterung.

Der Pfleger wirft den Seehunden Fische zu.

Mache die Ersatzprobe, und ersetze die Satzglieder in der Rolle der Objekte jeweils durch einen anderen Ausdruck. Du kannst aus den folgenden Möglichkeiten auswählen:

ihnen, der Klasse, allen Schülerinnen und Schülern, sie, es, äußerst sorgfältiger Fürsorge, auf das Erscheinen des Tierpflegers.

Die adverbiale Bestimmung (Umstandsangabe), eine weitere Satzgliedrolle

Peter	begegnet	am Morgen	dem Nachbarn
		häufig mehrere Male immer wieder nie zweimal morgens , wenn es Morgen ist,	

Mit der adverbialen Bestimmung (Umstandsangabe) kann der Sprecher in einem Satz genauere Angaben zu den Umständen machen.
Adverbiale Bestimmungen können im Satz etwas aussagen über Zeit, Ort, Art und Weise, Grund, Zweck, Mittel.
Du kannst einen Satz durch genauere Angaben erweitern (Erweiterungsprobe).

Der Förster beobachtet ein Reh.

Der Förster beobachtet [im Wald] ein Reh.

Der Förster beobachtet [morgens] [im Wald] ein Reh.

18 Füge in den folgenden Text passende adverbiale Bestimmungen aus der Zusammenstellung unten ein.

Pech gehabt

Ein Drängler ist ____________ ____________ an den Falschen geraten. Der Fahrer bedrängte ____________ ein vorausfahrendes Auto. ____________ machte der bedrängte Wagen Platz.

Die Insassen gaben sich aber ____________ als Zivilstreife zu erkennen. Es erwies sich ____________, daß der Drängler betrunken war. Den Führerschein konnten die Beamten ____________ nicht kassieren. Das hatten ihre Kollegen ____________ getan.

bei der Kontrolle, in unverantwortlicher Weise, in München, auf der Autobahn, bereitwillig, bald, diesmal, schon Wochen vorher

Bestimme jeweils, welche Bedeutung die adverbiale Bestimmung im Satz hat. Wende jeweils die passende Frage an, und ordne zu.

Zeit und Zeitdauer: wann?

____

____

Art und Weise: wie?

____

Ort und Richtung: wo? woher? wohin?

____

19 Ersetze jeweils die unterstrichenen Teile durch ein Satzglied oder durch einen Gliedsatz.

Während des Lesens kam ihr plötzlich ein Gedanke.

Während sie ______________________, ______________

____.

Nachdem die Stunde zu Ende war, atmeten alle erleichtert auf.

Nach der ______________________________________.

Das Attribut (Beifügung) – Teil eines Satzgliedes

Der kleine Junge erwartet seinen Freund von nebenan.

S	Pr	Akkusativobjekt
Attribut (kleine)		*Attribut* (seines Vaters)
Der kleine Junge	erwartet	den Freund seines Vaters.

Der Junge, der klein ist,	erwartet	seinen Freund, der nebenan wohnt.
Der Junge des Nachbarn		seinen guten Freund, der ihm oft hilft.
Der Junge, ein Sohn des Nachbarn,		

Mit Attributen (Beifügungen) kann man einzelne Teile in einem Satz erweitern. Sie haben die Aufgabe, noch etwas mehr über Wörter auszusagen, auf die sie sich beziehen. Dies drückt auch das deutsche Wort Beifügung aus.
Meistens ist das Bezugswort ein Nomen/Substantiv.
Das Attribut stellt eine zusätzliche Angabe im Satz dar, die für einen grammatisch vollständigen Satz nicht notwendig ist. Attribute machen aber einen Satz anschaulicher und inhaltsreicher. Das Attribut stellt kein eigenes Satzglied dar, sondern es ist Teil eines Satzglieds.
Du kannst dies feststellen, wenn du Attribute in einem Satz streichst (Abstrichprobe).

In dem ~~verwilderten~~ Garten	sah

das ~~kleine~~ Mädchen, ~~die Tochter des Nachbarn~~,

einen ~~winzigen~~ Hasen, ~~der sich im Unkraut versteckt hielt~~.

↓

In dem Garten	sah	das Mädchen	einen Hasen.

20 Unterstreiche alle Attribute in dem Text zu der Bildergeschichte. Dreimal ist in einem Attribut ein weiteres Attribut enthalten, unterstreiche dann doppelt.

Die Blumen, schöne Tulpen, sind verschwunden.

Herr Kaiser, der bunte Blumen im Blumenbeet sehr liebt, entdeckt den Verlust der hübschen Tulpen.

Er ist zornig über den Verlust der Blumen, packt den überraschten Dackel und brüllt ihn unter wütenden Drohgebärden an.

Der kleine, brave Dackel mit den Schlappohren ist beleidigt.

Trage die unterschiedlichen Arten von Attributen mit ihren Bezugsnomen in die folgende Tabelle ein; unterstreiche jeweils das Attribut.

Arten von Attributen

Adjektiv: *bunte Blumen,* ______________________________

____

Genitiv: ______________________________

____

Apposition (Zusatz im gleichen Kasus wie das Bezugsnomen):

____

Präposition und Nomen: ______________________________

____

Relativsatz (Nebensatz): ____________________________

____

Setze das jeweilige Bezugswort in einen Kasten.

Beispiel: [Herr Kaiser], der...

21 Wende in dem folgenden Text die Erweiterungsprobe an, und setze passende Attribute aus der Liste unten ein.

Der Blumenfreund stürmt ins Haus.

Er sieht die Blumen in der Vase.

Der Mann erkennt den Übeltäter.

Der Dackel hat sich auf seinen Lieblingsplatz zurückgezogen.

Herr Kaiser schenkt dem Dackel eine Wurst.

sein reumütiges Herrchen, dicke, kleinen, wahren, überraschte, wutentbrannte, der seinen ungerechtfertigten Wutanfall bereut hat, der zutiefst beleidigt ist, aus seinem Beet, seiner Frau, nahe

Das Prädikativ

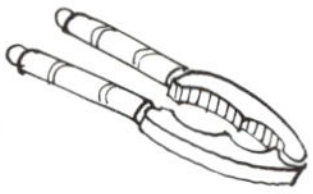

Das Wort **Prädikativ** kommt aus dem Lateinischen und heißt soviel wie: die Satzaussage (das Prädikat) mitgestaltend.
Das Prädikativ ist ein besonderes Satzglied, weil es sich um eine Gleichsetzung handelt, die sich auf das Subjekt bezieht.
Sie besteht aus der Ergänzung zu den Verben: sein, werden, bleiben, heißen.
Beispiele:

Das Auto ist ein Verkehrsmittel.

Er war krank.

Sie ist hier.

In diesen Sätzen erfolgt die Aussage nicht nur durch das Verb **ist** und **war,** sondern durch **das Verb und ein Nomen, das Verb und ein Adjektiv** usw.

Das Prädikativ kann ein Nomen, ein Adjektiv oder ein Adverb sein.

22 Unterstreiche das Prädikativ in den folgenden Sätzen:

Sie heißt Inge. Inge ist ein kluges Mädchen.

Er ist Apotheker.

Das Spiel war spannend.

Franz ist ein ausgezeichneter Fußballspieler.

Wir sind hier.

Die Rolle des Satzglieds Prädikativ kann auch durch einen Gliedsatz **(Prädikativsatz)** eingenommen werden:

Gut ist, **daß man dies erklären kann.**
Die Frage ist, **ob man es versteht.**

23 Mache bei dem folgenden Satz für das Prädikativ die Ersatzprobe. Schreibe mindestens drei weitere Möglichkeiten auf. Es sollte aber nicht nur ein Adjektiv sein.

Egon ist nett.

3. Zusammenfassung: Wie entsteht ein Satz?

Stellen wir uns vor, wir wüßten noch nichts von einem Satz und müßten ihn erst von Grund auf neu erfinden. Erinnern wir uns an die alte Sage von den Nibelungen, von Hagen und Siegfried, Kriemhild und Brunhild. Wenn wir versuchen, den Kern dieser Erzählung so knapp wie möglich zusammenzufassen, dann könnte diese Aussage lauten:

Hagen tötete Siegfried.

Damit haben wir eine ziemlich einfache Form eines Satzes. Es ist noch nicht die einfachste Form; denn die Aussage könnte auch lauten:

Hagen tötete.

Und wenn Kriemhild Hagen erregt zuruft:

„Mörder!“,

so ist auch diese Aussage ein Satz, wenn auch nur in Form eines Ausrufs (Einwortsatz). Trotz dieser Möglichkeiten müssen wir davon ausgehen, daß nur die Aussage „Hagen tötete Siegfried“ alle Satzglieder enthält, die zu einer ersten Information notwendig sind. Sie gibt Antwort auf die Fragen

Wer tut etwas?	(Hagen)
Was tut er?	(tötete)
Wem tut er etwas?	(Siegfried)

Diese einfache Form eines Satzes besteht nur aus drei Satzgliedern:

dem Satzgegenstand oder Subjekt	(Hagen),
der Satzaussage oder Prädikat	(tötete),
der Satzergänzung, hier: Objekt	(Siegfried).

Wir geben uns aber noch nicht zufrieden mit diesen Antworten, und da wir uns an die Personen genauer erinnern wollen, fragen wir:

Hagen war ein Gefolgsmann des Königs Gunther. Siegfried stand ebenfalls in König Gunthers Diensten, also war er Hagens Waffengefährte.
Erweitern wir unseren Satz um diese zusätzlichen Informationen, so lautet er:

> **Hagen,** ein Gefolgsmann König Gunthers, **tötete** seinen Waffengefährten **Siegfried.**

Wir erinnern uns: Hagen war rachsüchtig, Siegfried war jünger als Hagen. Fügen wir auch diese Erkenntnis dem bisherigen Satz hinzu, so lautet er jetzt:

> Der rachsüchtige **Hagen,** ein Gefolgsmann König Gunthers, **tötete** seinen jüngeren Waffengefährten **Siegfried.**

Neben Satzgegenstand, Satzaussage und Satzergänzung enthält unser Satz jetzt auch nähere Erklärungen zu den Personen. Diese Erklärungen nennen wir Beifügungen oder Attribute. Diese Beifügungen können gebildet werden durch

> Adjektive (rachsüchtig, jünger),
> Nomen (Waffengefährte)
> oder einen kleinen Einschub (Apposition) (... ein Gefolgsmann König Gunthers, ...).

Über Hagen und Siegfried wissen wir nun Bescheid. Jetzt möchten wir aber noch etwas über die Umstände wissen, unter denen die Tat stattgefunden hat, daher fragen wir:

(frühmorgens)

(im Wald, an einer Quelle)

(bei einer Jagd)

Das sind wichtige Angaben, die wir nicht verschweigen wollen, daher bauen wir sie gleich in den Satz ein und schreiben:

> Der rachsüchtige **Hagen,** ein Gefolgsmann König Gunthers, **tötete** seinen jüngeren Waffengefährten **Siegfried** frühmorgens bei einer Jagd im Walde an einer Quelle.

Wir geben uns aber noch nicht zufrieden mit diesen Aussagen. Wir möchten noch mehr über die Umstände erfahren und fragen weiter:

(hinterrücks)

(mit einem Speer)

(aus Eifersucht)

In Verbindung mit dem, was wir bisher über die Tat ausgesagt haben, lautet unser Satz jetzt:

> Der rachsüchtige **Hagen,** ein Gefolgsmann König Gunthers, **tötete** aus Eifersucht seinen jüngeren Waffengefährten **Siegfried** frühmorgens bei der Jagd im Walde an einer Quelle hinterrücks mit dem Speer.

Was ist mit unserem Satz geschehen? Er ist von drei Wörtern auf siebenundzwanzig angeschwollen. Satzgegenstand und Satzergänzung haben je eine Beifügung erhalten; vor allem aber haben wir eine ganze Reihe von *Umstandsangaben* (adverbiale Bestimmungen) eingeführt, die von der Tat sagen, wo und wann sie geschehen ist, unter welchen Umständen und aus welchen Gründen. Zum Teil sind diese Umstandsbestimmungen einfache Umstandswörter (hinterrücks; frühmorgens), zum Teil sind sie Namenwörter (Nomen), herbeigetragen von den „Schleppern", den Verhältniswörtern (Präpositionen) (**im** Walde, **bei** der Jagd, **aus** Eifersucht, **mit** dem Speer), mit deren Hilfe weitere Angaben in einen Satz eingebracht werden können.

Bei alledem handelt es sich immer noch um einen Satz mit einem einzigen Zeitwort (Verb)! Er wäre durchaus imstande, sich weitere Mitteilungen aufpacken zu lassen. Jede von den Beifügungen und jede von den Umstandsangaben kann wiederum näher bestimmt werden.

Modus (Aussageweise) des Verbs: Indikativ, Konjunktiv, Imperativ

1 Ordne die Beschreibungen a) bis d) den Äußerungen zu; trage den Buchstaben in das jeweilige Kästchen ein.

Mit den Aussageweisen des Verbs (Modi) kennzeichnet, färbt, verändert ein Sprecher seine Aussage:

a) Er gebraucht die Wirklichkeitsform **(Indikativ)** und drückt damit aus, daß etwas so ist oder sein wird. Er stellt etwas als wirklich oder gegeben hin.

b) Er gebraucht die Möglichkeitsform **(Konjunktiv I)** und drückt damit aus, daß das Gesagte weniger direkt, wirklich oder gewiß ist.

c) Er gebraucht die Form des Nicht-Möglichen **(Konjunktiv II)** und drückt damit aus, daß er etwas anzweifelt, etwas als unwirklich, nicht wirklich, nur wünschenswert ansieht.

d) Er gebraucht die Form des Befehls **(Imperativ)**; damit drückt er einen Befehl, eine Bitte, eine Aufforderung aus.

1. Indikativ und Konjunktiv

Die Bildung des Konjunktivs

Der Konjunktiv I (oder Konjunktiv Präsens) wird vom Indikativ Präsens abgeleitet:

er ist – er sei
er hat – er habe
sie kommt – sie komme

Der Konjunktiv II (oder Konjunktiv Präteritum) wird von den Formen des Indikativ Präteritum abgeleitet:

er war – er wäre
er kam – er käme
er hatte – er hätte

Indikativ und Konjunktiv im Überblick		
so ist es wirklich (Indikativ)	man nimmt es an (Konjunktiv I)	man wünscht es sich oder stellt es sich vor (Konjunktiv II)
es **ist** so … sie **hat** getroffen … es **gibt** Schnee … sie weiß, es **ist** so gewesen …	er glaubt, es **sei** so … er meint, sie **habe** g … sie meint, es **gebe** … sie meint, es **sei** so gewesen …	er wünscht, es **wäre** so … er stellt sich vor, sie **hätte** getroffen sie hat geträumt, es **gäbe** … sie hat sich gewünscht, es **wäre** wahr

Oft wird der Konjunktiv II durch **würde** + Infinitiv umschrieben:

Wenn ich viel Geld hätte, **würde** ich eine große Reise **machen.**
(statt: …, machte ich eine große Reise.)

Manchmal klingt der Konjunktiv II ungewohnt und wirkt dann übertrieben oder komisch. Dann gebraucht man besser die Umschreibung mit **würde** + Infinitiv

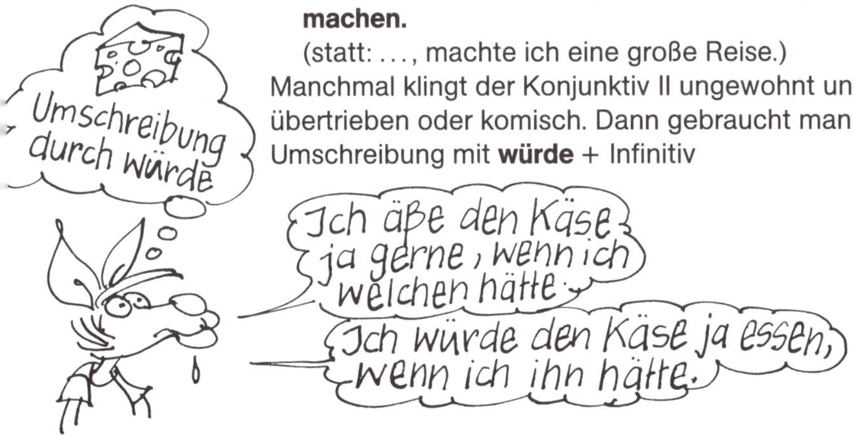

2 Formuliere die Umschreibung mit **würde**:

er käme ______________________________

er gäbe ______________________________

sie nähme ______________________________

sie äße ______________________________

sie gebrauchten ______________________________

3 In den folgenden Sätzen sind Verben in unterschiedlichen Aussageweisen optisch hervorgehoben.
Kennzeichne die Verben im Indikativ durch Unterstreichen, die Verben im Konjunktiv I durch eine Wellenlinie und die Verben im Konjunktiv II durch eine gestrichelte Linie.

Er t e i l t e ihm mit, sein Zug l a u f e morgen um 17.35 ein.

Er m e i n t e, dies s e i nichts für ihn.

Sonja e r z ä h l t ihrer Freundin, Petra w o l l e verreisen.

Sie i s t heute nicht da.

Wenn ich doch schon in Griechenland w ä r e !

Er s t e l l t sich vor, er h ä t t e im Lotto gewonnen.

Die beiden Mädchen l a u f e n um die Wette.

„Ob er morgen k o m m e, w i s s e er noch nicht“, meinte Katja.

Heute k o m m t Anjas Freund zu Besuch.

Liste die Verben auf nach:

Indikativ	Konjunktiv I	Konjunktiv II

4 Und hier? Unterstreiche die Form des Indikativs, und kennzeichne die Konjunktivform mit einer Wellenlinie.

5 Trage jeweils die fehlende Verbform ein: Indikativ oder Konjunktiv.

Indikativ (Präsens)	Konjunktiv I (Präsens)
er kann	er könne
sie ist	
	er gehe
sie kommt	
er ißt	
er hat Zeit	

6 Der Konjunktiv I wird manchmal auch in Anleitungstexten verwendet. Schreibe das folgende Rezept um, und unterstreiche die Konjunktivformen.

Eierpfannkuchen
Teig zubereiten, dazu Mehl, aufgeschlagene Eier, Milch und Salz in eine Rührschüssel geben, alles mit dem Handrührgerät einige Minuten lang auf Stufe 3 rühren.
Danach einen Teelöffel Margarine in die Pfanne geben, Herdplatte auf Stufe 2 stellen und warten, bis das Fett geschmolzen ist, mit einer Schöpfkelle so viel Teig in die Pfanne gießen, daß der Boden bedeckt ist, ein bis zwei Minuten warten, bis der Eierpfannkuchen an der Unterseite fest ist, dann die Pfanne leicht hin- und herrütteln, damit sich der Pfannkuchen vom Boden löst …

Eierpfannkuchen
Zuerst bereite man den Teig zu. Dazu …

2. Konjunktiv und indirekte Rede

direkte Rede: Anna sagt etwas

Anna

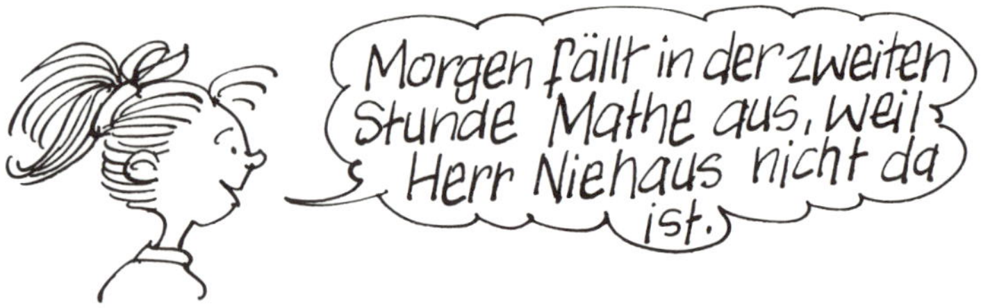

indirekte Rede: Heike bezieht sich auf Annas Aussage.

Heike

> ❗ Wenn ein Sprecher oder Schreiber eine Information weitergibt, die er von einem anderen gehört oder die er gelesen hat, benutzt er für diese Form der **indirekten** oder berichteten **Rede** in der Regel den **Konjunktiv I.** Er läßt dabei offen, ob er selbst die Äußerung des anderen für richtig hält oder nicht.
> Die meisten Aussagen der indirekten Rede werden in der 3. Person Singular vorgenommen. Diese muß man sich deshalb besonders merken. (Sie sagte, **er komme** morgen.)

7

Anja hört, wie Peter mit Karin spricht.

„Ich __________ morgen nicht pünktlich zur Fete kommen.

Dies berichtet Anja ihrer Freundin Laura.

„Peter hat Karin gesagt, er __________ morgen nicht pünktlich zur Fete kommen.

Ich __________ nämlich vorher noch einen Austauschschüler aus Frankreich von der Bahn abholen. Ich __________ dann aber gegen 21 Uhr da. Jean __________ dann auch mitkommen. Du __________ doch nichts dagegen?“

Er __________ nämlich vorher noch einen Austauschschüler aus Frankreich von der Bahn abholen. Er __________ dann aber gegen 21 Uhr da. Jean __________ dann auch mitkommen. Sie __________ doch wohl nichts dagegen?“

Auf der linken Seite spricht Peter (direkte Rede). Auf der rechten Seite berichtet Anja ihrer Freundin in der indirekten oder berichteten Rede, was sie gehört hat. Setze die folgenden Verbformen jeweils an der passenden Stelle ein:

Indikativ	Konjunktiv
kann	könne
bin	sei
wird	werde
muß	müsse
hast	habe

Außer dem Modus hat sich an einigen Stellen auch die Personalform des Verbs geändert. Unterstreiche jeweils das Personalpronomen.

8 Unterstreiche im folgenden Text die Verbformen im Konjunktiv.

Sonja berichtet, was Kerstin erzählt hat:

Die gesamte Klasse 8 b fahre morgen nach Köln. Der Geschichtslehrer wolle mit ihnen das Römisch-Germanische Museum besuchen. Alle Schüler seien schon richtig gespannt auf die Bahnfahrt. Viele aus der 8 b könnten sich schon gar nicht mehr an ihre letzte Bahnfahrt erinnern.

Nach dem Museumsbesuch sei noch ein zweistündiger Aufenthalt in Köln vorgesehen.

Forme den Text um in die direkte Mitteilung.
Das hat Kerstin erzählt:
„Die Klasse 8 b **fährt** …

!

Wenn die Formen des Indikativs und des Konjunktivs I übereinstimmen, benutzt man bei der indirekten Rede als Ersatzform den **Konjunktiv II** oder die Umschreibung mit **würde + Infinitiv.**
Dies ist fast immer der Fall, wenn die indirekte Rede nicht in der 3. Person Singular steht.

Direkte Rede:

Indikativ

Indirekte Rede:

Er sagt, sie ~~kommen~~ heute. — *Konjunktiv I = Indikativ* daher:
↓
Er sagt, sie **kämen** heute. — *Konjunktiv II* (Ersatzform)
oder — oder
↓
Er sagt, sie **würden** heute **kommen.** — *Umschreibung mit würde …*

9 Ergänze in der Zusammenstellung die entsprechenden Formen.

Indikativ	Konjunktiv I	Konjunktiv II als Ersatzform	Umschreibung mit „würde“
er geht	er gehe	/	/
er läuft		/	/
sie laufen	~~sie laufen~~		
sie kommen	~~sie kommen~~		

sie essen	~~sie essen~~		
er ruft		/	/
sie merken	~~sie merken~~		
sie haben gegessen	~~sie haben gegessen~~		/
er wurde gerufen	er gerufen worden	/	/
sie ist gelobt worden		/	/

10 Setze ein: Konjunktiv I, Konjunktiv II oder die Umschreibung mit „würde".

(Konj. I, können) Er sagte, er ____________ das Buch zur Zeit nicht entbehren.

(Konj. II, können) Die Schülerinnen behaupten, sie ____________ das alles schon.

(Konj. I, haben) Der Deutschlehrer meinte, bis morgen ____________ er die Arbeit schon korrigiert.

(Umschr., finden) Ute erzählte in der Klasse, sie ____________ ihren neuen Tanzpartner ganz toll ____________.

(Konj. I, sein) Kirsten und Lara glaubten, sie ____________ in Mathe über den Berg.

(Umschr., kommen) Sie versprachen, sie ____________ morgen pünktlich ____________.

(Konj. II, haben) Die beiden erzählten, sie ____________ einen Computer geschenkt bekommen.

Wie du gelernt hast, benutzt man für die indirekte Rede meist die Form Konjunktiv I. Der Konjunktiv II als Ersatzform oder die Umschreibung mit würde gebraucht man nur in Ausnahmefällen, wenn der Konjunktiv I nicht paßt.
In welcher Zeitform der Begleitsatz steht, spielt dabei keine Rolle.

Jan **sagt** seiner Mutter
Jan **sagte** seiner Mutter
Jan **hat seiner Mutter gesagt** } , er **komme** um 8 Uhr zurück.
Jan **hatte** seiner Mutter **gesagt**
...

Tina und Ute **antworten**
Tina und Ute **antworteten** } , sie **kämen** erst um 8 Uhr zurück.
...

Bei Inhaltsangaben im Aufsatzunterricht mußt du oft wörtliche (direkte) Rede in abhängige (indirekte) Rede übertragen, um den Inhalt auf knappe Weise zusammenzufassen.

11 Schreibe den folgenden kurzen Text in abhängige (indirekte) Rede um. Schreibt aus der Sicht des zuhörenden Mitschülers Kurt, was die einzelnen Personen gesagt haben (siehe unten).

Diskussion über den Projekttag

Pia: Laura und ich wollen beim Zeitungsprojekt mitarbeiten.

Kirsten: Thomas und ich entwerfen die Einladung.

Simon: Und Michael und ich kümmern uns um die Fotos und Bilder.

Frau Schlingmann: Der Großteil der Klasse kann an einzelnen Zeitungsartikeln arbeiten.

Kurt, ein Mitschüler, faßt die Diskussion in folgender Weise zusammen:

Pia sagt, sie und Laura wollten beim ...

Kirsten sagt, ...

Kennzeichne in Kurts Wiedergabe der Redeäußerungen jeweils die Form des Konjunktivs I (durch eine Wellenlinie) und die Form des Konjunktivs II und die Ersatzform mit **würde** (durch Unterstricheln).

12 Unterstreiche im folgenden Text die Verbformen. Sie stehen im Indikativ.

Tiger griffen Tierpfleger an

Ein Tierpfleger des in Dortmund gastierenden Moskauer Staatszirkus ist gestern von neun sibirischen Tigern angefallen und lebensgefährlich verletzt worden.
Der 24 Jahre alte Mann wollte den Auslaufkäfig der Tiger säubern, als ihn die Raubtiere plötzlich anfielen.
Der angetrunkene Mann hat offenbar übersehen, daß eine Verbindungstür zu den Boxen der Tiger nicht geschlossen war.
Er wurde mit Bißwunden am ganzen Körper ins Krankenhaus gebracht.

Setze den Zeitungsbericht in die indirekte abhängige Rede.

Die Polizei berichtet, ein Tierpfleger... sei...

13 Schreibe in den folgenden Texten die direkte Rede in indirekte oder abhängige Rede um.
Der Anfang ist jeweils vorgegeben.

So ein großer Affe!
„Du, Papa", meint Martin, „gestern waren wir im Zoo, und da habe ich im Käfig einen Affen gesehen, der war genauso groß wie du."
„Da hast du nicht richtig hingeguckt", antwortete Martins Vater, „so einen großen Affen wie mich gibt es doch gar nicht."
Martin erzählte seinem Vater, gestern seien sie im Zoo gewesen, und da habe...

Eine komische Welt
Zwei Motten treffen sich auf dem Dachboden. „Es ist immer wieder komisch", meint die eine, „im Sommer, wenn es heiß ist, sitzen wir im Pelzmantel, und im Winter, wenn es knallt vor Frost, tummeln wir uns im Bikini."
Eine komische Welt
Zwei Motten treffen sich auf den Dachboden. Es sei immer wieder komisch, meint die eine...

14 Schreibe auch hier die direkte Rede in indirekte Rede um.

Zwei Mäuse haben einen Elefanten aufgestöbert. Sagt die eine: „So, den braten wir uns. Du bewachst ihn, ich suche inzwischen Feuerholz."
Als sie nach einiger Zeit zurückkommt, steht die andere Maus allein da und heult: „Der Elefant ist mir weggelaufen." „Lüg' doch nicht", zischt die Holzsammlerin, „du kaust ja jetzt noch!"

Test Unterstreiche in dem alten russischen Märchen die Formen der indirekten Rede.

Ein geiziger schlauer Kulak, der gerne seine Knechte vom Morgen bis zum Abend arbeiten ließ, gab dem neuen Knecht Iljitsch morgens das Frühstück, das sehr gering bemessen war. Das verzehrte der Knecht, ohne recht zu merken, daß er überhaupt etwas in den Magen kriegte. Der Kulak fragte den Knecht daraufhin, ob er nicht gleichzeitig auch zu Mittag essen wolle. Dann brauche er nichts aufs Feld mitzuschleppen. Der Knecht willigte ein und meinte, er solle ihm gleich das Mittagessen geben. Als er das verzehrt hatte, fragte der Kulak wieder, ob er vielleicht auch gleich zu Abend essen wolle. Dann verliere er nach Arbeitsschluß keine Zeit und könne sofort zu Bett gehen. Der hungrige Knecht bejahte auch dies und verzehrte das Abendbrot. Dann fragte er den Herrn, wo er denn schlafen gehen könne. Wieso er denn vom Schlafen rede und wer denn die Arbeit machen solle, meinte der erstaunte Kulak. Der Knecht fragte daraufhin erstaunt seinen Herrn, ob er je erlebt habe, daß anständige Leute nach dem Abendessen noch zur Arbeit gehen würden. Nach dem Abendessen gehöre man ins Bett. Und er streckte sich auf dem Sofa aus und schnarchte.

> Steht in der direkten Rede bereits der Konjunktiv, so bleibt dieser in der indirekten Rede unverändert. Nur das Personalpronomen muß geändert werden.

15 Setze den folgenden Witz in die indirekte Rede.

„Zu mir würde am besten ein Stier passen“, bemerkte die Kuh, nachdem sie ihr Horoskop gelesen hatte.

____

____

____

Indirekte Rede und Konjunktiv II

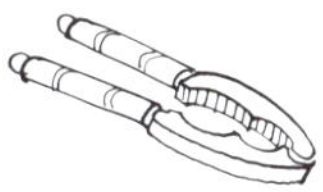

Der Konjunktiv I (Präsens) wird bei der indirekten Rede verwendet zur Wiedergabe der Äußerung eines anderen ohne Stellungnahme des Sprechers.
Dagegen kann man mit dem Gebrauch des Konjunktivs II in der indirekten Rede Zweifel an der Richtigkeit der gemachten Aussage ausdrücken.

Konjunktiv I (indirekte Rede):
Cornelia sagt, Jochen k o m m e morgen.
(Cornelia gibt hier nur wieder, was sie gehört hat.)

Konjunktiv II (indirekte Rede):
Cornelia sagt, Jochen k ä m e morgen.
(Cornelia glaubt noch nicht daran, sie hat erhebliche Zweifel an seinem Kommen.)

16 Setze den folgenden Satz in der direkten Rede in die indirekte Rede (Miriam sagt, ...). Gebrauche dabei einmal den Konjunktiv I (a) und einmal den Konjunktiv II (b).

Direkte Rede:
Hanno behauptet: „Morgen **ist** schulfrei.“ *Indikativ*

Indirekte Rede:
a) Miriam sagt, daß Hanno behauptet hat, morgen ...

____

(Konjunktiv I)

b) Miriam sagt, ____

____

(Konjunktiv II)

3. Konjunktiv II als Ausdruck der Nichtwirklichkeit

Weil der Konjunktiv II oft Wünsche ausdrückt, die nicht erfüllbar sind, heißt er auch Irrealis (wörtlich übersetzt: Der Unwirkliche).

17 Unterstreiche die Verbformen, mit denen der Sprecher jeweils ausdrückt, daß er etwas als unwirklich, nur wünschenswert darstellt.

18 Ergänze die Tabelle.

Indikativ (Präteritum)	Konjunktiv II (einfache Form)	Konjunktiv II (Umschreibung mit „würde“)
sie tat	sie täte	
er kam		
sie hatte		
	wir liefen	

19 Setze in die Form des Konjunktivs II.

ich habe gehabt – ich hätte gehabt

ich bin – ______________________________

ich kann – ______________________________

sie haben besucht – ______________________________

sie sind hingefallen – ______________________________

er ist gekommen – ______________________________

20 Unterstreiche in den folgenden Texten alle Formen im Konjunktiv II.

Was wäre, wenn . . . ? *(Wilhelm Busch)*
Wenn alles sitzen bliebe,
Was wir in Haß und Liebe
So voneinander schwatzen;
Wenn Lügen Haare wären,
Wir wären rauh wie Bären
Und hätten keine Glatzen.

„Wenn du drei Autos hättest, würdest du mir eines davon schenken?“
„Na klar!“
„Wenn du drei Hunde hättest, würdest du mir einen davon geben?“
„Nein!“
„Warum nicht?“
„Weil ich drei Hunde habe!“

Gullivers Lied *(Peter T. Schulz)*
Wär ich doch reich
und brauchte nicht viel,
liebte mich doch,
die mir gerade gefiel!

Wär ich doch weltberühmt
und unbekannt,
irrte ich doch umher
auf meinem Land!

Wär ich doch froh
und müßte nicht lachen,
wär ich doch mächtig
und ließ andere machen!

Wüßt ich doch alles
und dächte nicht dran,
hätt ich doch alles
schon einmal getan!

Wär ich doch kerngesund
mit einer Narbe,
wäre doch alles hell
und ich in Farbe!

Zufall *(Martin Auer)*
Wenn statt mir jemand anderer
auf die Welt gekommen wär'.
Vielleicht meine Schwester
oder mein Bruder
oder irgendein fremdes blödes Luder –
wie wär' die Welt dann,
ohne mich?
Und wo wäre denn dann ich?
Und würd' mich irgendwer vermissen?
Es tät ja keiner von mir wissen.
Statt mir wäre hier ein ganz anderes Kind,
würde bei meinen Eltern leben
und hätte mein ganzes Spielzeug im Spind.
Ja, sie hätten ihm sogar
meinen Namen gegeben!

(Christine Nöstlinger)
Hätten meine Eltern am Freitagabend nicht zu mir gesagt: „Morgen sind wir bei den Kurdisch' auf einem Gartenfest", wer weiß, was sich dann alles nicht ergeben hätte!
Vielleicht wäre ich am Samstag ins Bad gegangen, hätte dort einen irre tollen Knaben kennengelernt und wäre derart in Liebe zu ihm verfallen, daß ich für den KOKU weder ein Auge noch ein Ohr frei gehabt hätte! Oder ich wäre auf den Sportplatz gegangen, hätte versucht, mein Kurzstreckentalent aufleben zu lassen, wäre ausgerutscht und hingefallen, hätte mir ein Bein gebrochen, einen Beingips bekommen und für sechs Wochen tatenlos im Bett liegen müssen! Und der KOKU hätte sich in dieser Zeit jemand anderen gesucht, der ihm passend für sein Vorhaben erschienen wäre. Das Leben besteht schließlich in der Hauptsache aus sonderbaren Zufällen!

Test

Forme um, wie nach der Meinung von Zukunftsforschern diese Stadt **aussähe,** wenn es Wirklichkeit würde.
Erprobe auch die Umschreibung mit **würde** (+ Infinitiv).
Schreibe jeweils die stilistisch bessere Form auf.

Die Zukunftsstadt Mirapolis
Gleitbahnen durchziehen das Land. Sie ersetzen die Straße. Tunnelsysteme liegen unter der Erde. Die Menschen sprechen per Fernsehtelefon. Elektromobile können vollautomatisch gesteuert werden. Jede zweite Familie besitzt einen kleinen Hubschrauber.

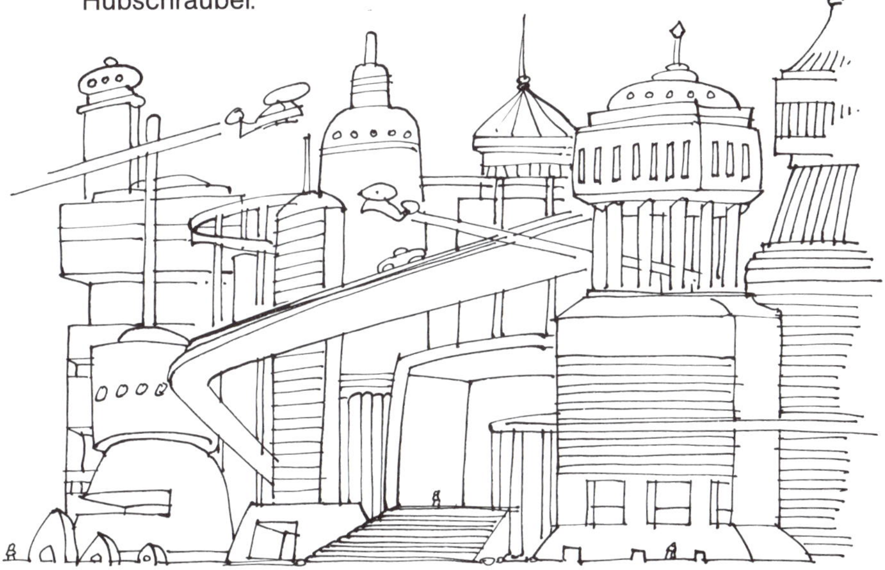

Stell dir vor, du wärest als einziger an eine fremde Insel gespült worden und würdest dich dort häuslich einrichten. Schreibe den folgenden Text entsprechend um.

Ich faulenze den lieben langen Tag.
Irgendwann baue ich mir eine Hütte.
Ich streife in der Gegend herum, um mir alles genau anzusehen.
Dann kümmere ich mich um mein Essen. Zunächst mal lebe ich von Bananen.
Ich bin natürlich auch ein bißchen traurig, daß ich so ganz allein bin.
Dann aber sehe ich Spuren im Sand. Ich schaue auf.
Und da stehen plötzlich meine besten Freundinnen und Freunde vor mir.
Und dann wache ich auf, und alles ist nur ein Traum gewesen.

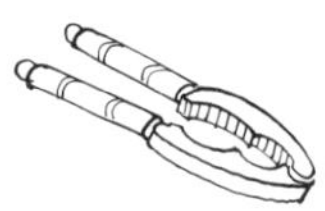

Was meint der Autor dieses Gedichts? Sieh dir die Überschrift und die letzte Strophe an.

Verteidigung des Konjunktivs *(Albert Janetschek)*

Die Umfunktionierer
unserer Sprache
nennen ihn überflüssig
und veraltet

Sie plädieren
für seine Abschaffung
mit dem Hinweis
auf seine Schwierigkeit

Doch wie drückt man
(beispielsweise)
Wünsche aus
im Indikativ?

Könnten wir uns abfinden
mit einer Sprache
ohne Flügel?

4. Imperativ (Befehlsform)

21 Unterstreiche alle Verbformen, mit denen etwas angeordnet oder befohlen wird.

Mit der Imperativform des Verbs (lat. imperare = befehlen) fordert ein Sprecher/Schreiber sein Gegenüber zu etwas auf. Der Sprecher/Schreiber hat für das Verb zwei Imperativformen zur Verfügung:

- eine für den Singular (geh!)
- eine für den Plural (geht!)

22 Vervollständige die entsprechenden Formen.

Infinitiv	finite Form	
	Singular	Plural
laufen	lauf!	lauft!
springen		
aufpassen		
holen		
werfen		
nehmen		
essen		
geben		

Eine Aufforderung kann man sprachlich sehr unterschiedlich und in verschiedenen Abstufungen ausdrücken. Versuche dies mit der folgenden Imperativform:

Bleib hier!

Direkte und indirekte Aufforderungen

Aufforderungen gibt es in unterschiedlichen Graden.

a) direkte Aufforderung:
   Nehmt die Turnschuhe mit!
   Nehmen Sie bitte die Turnschuhe mit! (Höflichkeitsform)

b) indirekte Aufforderung:
   Geben Sie mir bitte mal den Zucker? (als Fragesatz)
   Die Tafel ist ja immer noch nicht geputzt. (als Aussagesatz)

23 Kennzeichne die folgenden Aufforderungen als direkte oder indirekte. Schreibe hinter die jeweilige Äußerung entsprechend a oder b.

Hau ab!

Komm, geh mit!

Hier zieht es. Das Fenster ist offen.

Stillgestanden!

Gib mir das Buch rüber!

Würden Sie mir wohl mal helfen?

Da sind noch einige Fehler zu korrigieren.

Hast du das Aquarium schon sauber gemacht?

Test Forme die folgenden stichwortartigen Anweisungen in einen kurzen Text mit direkten Aufforderungen um.

Papierführung am automatischen Drucker
Papierführung auf Drucker aufsetzen, Papierführung aufklappen, bis sie einrastet, Druckerabdeckung wieder aufsetzen, unteren Haken der Abdeckung in die Kerben an der Vorderseite des Druckers einpassen, Abdeckung in ihre endgültige Position bringen, Abdeckung der Papierzuführung schließen.

5. Zusammenfassung: Modus des Verbs

Modalverben: Was man kann, darf, muß, will ...

Christina: Ich fahre heute auf den Haxterberg zum Skifahren.
Jochen: Kannst du das denn überhaupt?
Christina: Und ob ich das kann, schon seit geraumer Zeit! Und heute kann ich, weil ich Zeit habe.
Jochen: Darfst du denn heute? Wir sollten doch für die Mathearbeit üben, die ist doch morgen dran.
Christina: Ich will aber gerade heute. Ist doch prima Neuschnee da.
Jochen: Morgen möchte ich vielleicht auch.
Christina: Wer weiß, was morgen ist. Ich will einfach heute los!

In diesem Gespräch geht es fast in jeder Äußerung um dasselbe, nämlich ob man skifahren sollte oder nicht. Die Sprecher haben aber jeweils andere Einschätzungen und Wertungen zu diesem Thema.

1 Unterstreiche die Verben, mit denen die Sprecherin/der Sprecher jeweils Urteile, Wertungen, Einschätzungen ausdrückt.

!

Mit diesen **Modalverben** bringt der Sprecher die Art und Weise seines Urteils, seiner Einschätzung, seiner Wertung zum Ausdruck, zum Beispiel darüber, ob etwas erlaubt, machbar, erforderlich, möglich ist.

2 Die Bedeutung von Modalverben kann man umschreiben. Welches Modalverb paßt zu welcher Erklärung? Ordne in a) und b) jeweils richtig zu.

a) jemand hat einem anderen befohlen etwas zu tun	müssen
jemand hat einem anderen geraten, etwas zu tun/jemand wird von einem anderen aufgefordert, etwas zu tun	
jemand hat einem anderen erlaubt, etwas zu tun	
jemand ist dazu fähig oder in der Lage, etwas zu tun	
jemand ist gewillt, etwas zu tun/jemand hat sich entschlossen, etwas zu tun	
jemand hat den Wunsch, etwas zu tun	
b) Modalverben können auch anzeigen, ob man selbst bestimmt, was zu tun ist. (Selbstbestimmung)	
ein anderer bestimmt, was zu tun ist. (Fremdbestimmung)	

3 Ordne die Modalverben den unten stehenden Erklärungen richtig zu.

Svenja { will / kann / muß / mag / darf / soll } nicht mit ins Schwimmbad fahren,

...weil sie gerade heute keine Lust auf Schwimmen hat (mag)

...weil ihre Mutter es nicht erlaubt hat (__________)

...weil Karin nicht will, daß sie mitfährt (__________)

...weil ihr Fahrrad einen Platten hat (__________)

...weil niemand sie dazu zwingt (__________)

...weil sie lieber auf den Sportplatz gehen will (__________)

4 Setzte die passenden Modalverben ein. Beachte ihre Bedeutung. Manchmal kannst du auch mehrere Möglichkeiten eintragen.

a) Franks Eltern sind verreist; Mutter hat Frank vorher an die Müllabfuhr erinnert. Er (______________________) am Donnerstag morgen die Mülleimer herausstellen.

Lothar (______________________) ausgezeichnet Fußball spielen.

Heute abend (______________________) die elfjährige Martina länger aufbleiben als sonst, weil Vater Geburtstag hat und morgen schulfrei ist.

Susanne (________________________) in den nächsten Ferien unbedingt allein mit ihren Freundinnen Petra und Nicki in Ferien fahren.

Sven kann und darf wohl heute mitfahren, aber er (________________________) nicht, weil er einfach keine Lust hat.

b) Karin ist heute morgen in der großen Pause von Kirsten zur Geburtstagsparty eingeladen worden.
Zwar (________________________) sie gerne hingehen, sie weiß nur noch nicht, ob sie (________________________). Als sie nach Hause kommt, fragt sie sofort ihren Vater, ob sie (________________________). Vater (________________________) aber erst noch ihre Mutter fragen.
Später sagt Vati dann zu Karin: „Du (________________________) also zu einer Party? Aber du (________________________) doch noch gar nicht tanzen."
„Aber Vati, du hast vielleicht Vorstellungen", antwortet Kirsten, „niemand aus unserer Klasse (________________________) richtig tanzen. (________________________) ich denn jetzt hingehen?" „Na ja, meinetwegen", sagt Vati, „Mutter hat auch nichts dagegen; aber du (________________________) um halb acht wieder zu Hause sein. Du weißt ja, morgen (________________________) du wieder früh zur Schule."
Karin ruft daraufhin Lars an: „Du, ich (________________________) kommen."

5 In den folgenden Äußerungen werden eigentlich unpassende Modalverben gebraucht. Aufgrund der Sprechsituation werden sie aber trotzdem richtig verstanden. Forme sie so um, daß sie eindeutig sind.

Kann ich mal hinausgehen? (Schüler zum Lehrer)

____

Willst du jetzt wohl herkommen? (Mutter zum kleinen Kind)

____

Ihr könnt jetzt hereinkommen. (Vater zu seinen Kindern)

____

Kann ich mal mit dir tanzen? (Peter zu Cornelia)

____

Wollt ihr wohl abhauen? (ein älterer Schüler zum jüngeren)

____

6 Unterstreiche alle Modalverben.

Vom Fischer und seiner Frau *(Brüder Grimm)*
[. . .] „Mann", sagte die Frau, „hast du heute nichts gefangen?" – „Nein", sagte der Mann, „ich fing einen Fisch, der sagte, er wäre ein verwünschter Prinz, da hab' ich ihn wieder schwimmen lassen." – „Hast du dir denn nichts gewünscht?" fragte die Frau. „Nein", sagte der Mann, „was sollt' ich mir wünschen?" – „Ach", sagte die Frau, „das ist doch schlimm, hier immer so im Topfe zu wohnen: Es ist eklig und stinkt. Du hättest uns doch eine kleine Hütte wünschen können. Geh' noch einmal hin und rufe ihn; sag' ihm, wir möchten gern eine kleine Hütte haben, er tut es gewiß." – „Ach", sagte der Mann, „was sollt' ich noch einmal hingehen?" – „Ei", sagte die Frau, „du hattest ihn doch gefangen und hast ihn wieder schwimmen lassen, er tut es gewiß. Geh' gleich hin." Der Mann wollte noch nicht recht, wollte aber seiner Frau nicht zuwider sein und ging hin an die See. – Als er dort ankam, war die See ganz grün und gelb und gar nicht mehr so klar. So stellte er sich hin und sagte:
„Manntje, Manntje, Timpe Te,
Buttje, Buttje in der See,
Meine Frau, die Ilsebill,
Will nicht so, wie ich gern will."

Da kam der Fisch angeschwommen und sagte: „Na, was will sie denn?“ – „Ach“, sagte der Mann, „ich hatte dich doch gefangen gehabt, und meine Frau sagt, ich hätte mir auch etwas wünschen sollen. Sie mag nicht mehr in einem Topfe wohnen, sie möchte gern eine Hütte haben.“ – „Geh' nur hin“, sagte der Fisch, „sie hat sie schon.“ Da ging der Mann hin, und seine Frau saß nicht mehr in einem Topfe, aber eine kleine Hütte stand da, und seine Frau saß vor der Tür auf einer Bank. [...]
So ging das wohl acht oder vierzehn Tage, da sagte die Frau: „Höre, Mann, die Hütte ist doch gar zu eng, und der Hof und der Garten sind gar so klein; der Fisch hätte uns auch wohl ein größeres Haus schenken können. Ich möchte gern in einem großen steinernen Schlosse wohnen. Geh' hin zum Fisch, er soll uns ein Schloß schenken.“ – „Ach, Frau“, sagte der Mann, „die Hütte ist ja gut genug, was wollen wir in einem Schlosse wohnen!“ – „Ei was“, sagte die Frau, „geh' du nur hin, der Fisch kann das tun.“ – „Nein, Frau“, sagte der Mann, „der Fisch hat uns erst die Hütte gegeben, ich mag nun nicht schon wieder kommen, es möchte den Fisch verdrießen.“ – „Geh' nur“, sagte die Frau, „er kann's recht gut und tut's gern; geh' du nur hin.“ Dem Mann war sein Herz so schwer, und er wollte nicht; er sagte bei sich selber: „Das ist nicht recht.“ [...]

Test

Setze in die Texte jeweils passende Modalverben ein, so daß eine witzige Wirkung entsteht.
Dabei stehen folgende Modalverben (in der konjugierten Form) zur Verfügung:
können, können, sollen, wollen, wollen, wollen

Teamwork

Jeder macht, was er __________.

Keiner macht, was er __________,

aber alle machen mit.

Nur Mut

Man __________ alles,

was man __________,

solange man nicht __________,

was man nicht __________.

In dem folgenden Auszug aus *Walter Kempowskis* Roman **„Aus großer Zeit“** werden Verhaltensweisen am Tisch dargestellt. Setze in die Lücken passende Modalverben ein.

Kuchen ist ja schließlich nicht zum Sattessen da, und mittags, der Teller, der __________ leergegessen werden.
„Linke Hand am Tellerrand!“
Und zwar völlig.
Wenn die Kinder absolut nicht mehr __________ und vor sich hin quosen, dann geschieht es allerdings, daß der Vater schließlich in strengem Ton sagt: „Du __________ wohl nicht mehr? Nein? Na, dann gib es mir“, und es sich selbst hineinschaufelt.
Den Teller reinigt er zum Schluß mit dem Messer, indem er ihn sehr systematisch dreht. Der ist hernach so rein, als ob er abgeleckt worden wäre.
„Ich __________ nicht mehr“, __________ man sagen, auf keinen Fall __________ man sagen: „Ich __________ nicht mehr oder ich __________ nicht mehr.“
„Mag nicht liegt auf dem Kirchhof, will nicht liegt daneben...“, heißt es dann.
Da gibt es kein Erbarmen. *Mögen* muß man, und zwar *alles.*

Unterstreiche die Modalverben.

Barmherziger Samariter modern *(Helmut Zöpfl)*
Ich helfe
ich müßte helfen
man müßte helfen
man müßte darüber nachdenken, wie man helfen könnte
man müßte darüber diskutieren, wie man übers Helfen nachdenken könnte
man müßte eine Kommission bilden, in der man darüber diskutiert, wie man übers Helfen nachdenken könnte
man müßte einen Termin für eine Tagung finden, in der man berät, welche Leute in die Kommission hineinkommen sollen, in der man diskutiert, wie man übers Helfen nachdenken könnte

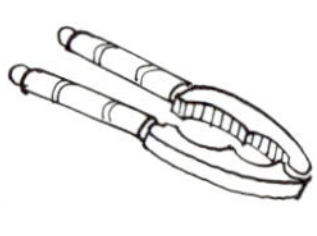

Überlege, welche Einstellung der Autor damit anprangern will.

Handlungsarten des Verbs: Aktiv (Tatform) und Passiv (Leideform)

1. Ein Vorgang – unterschiedliche Perspektiven

Die beiden Textfassungen a und b zu einem Bericht des Städtischen Bauhofes haben den gleichen Inhalt, aber dieser erscheint jeweils in unterschiedlicher Form.

a In der letzten Woche zog der Städtische Bauhof in seinem jüngsten Bericht mal wieder Bilanz. Am Rastplatz „Waldhütte“ demolierten unbekannte Rowdies drei Sitzbänke. Die Holzteile verbrannten sie anschließend in einem Lagerfeuer. Auch die Rundhölzer des Spielplatzes rissen sie wahllos heraus und verbrannten sie. Die Stadt erstattete Anzeige gegen Unbekannt.

b In der lezten Woche wurde vom Städtischen Bauhof in seinem jüngsten Bericht mal wieder Bilanz gezogen. Am Rastplatz „Waldhütte“ wurden drei Sitzbänke von unbekannten Rowdies demoliert. Die Holzteile wurden anschließend in einem Lagerfeuer verbrannt. Auch die Rundhölzer des Spielplatzes wurden wahllos herausgerissen und verbrannt.
Von der Stadt wurde Anzeige gegen Unbekannt erstattet.

1 Vergleiche die unterstrichenen Verbformen. Wie hat der Schreiber das Geschehen jeweils dargestellt? Entscheide:

☐ Er richtet die Aufmerksamkeit eher auf das Geschehen und weniger auf die Handelnden und Verursacher.

☐ Er richtet die Aufmerksamkeit eher auf die Tatsache, daß ein Handelnder etwas tut.

Die normale Form des Verbs ist das **Aktiv** (Tätigkeitsform oder Tatform). Es drückt vor allem aus, daß jemand etwas tut, daß etwas geschieht. Das Aktiv stellt den Urheber, Verursacher, Täter in den Vordergrund.
Im **Passiv** (Leideform) wird der Vorgang eher vom Betroffenen aus gesehen, weniger von dem, der die Handlung verursacht hat. Der Verursacher oder Täter braucht dabei nicht immer genannt zu werden.

Mit Aktiv und Passiv kann man also den gleichen Vorgang aus verschiedenen Perspektiven darstellen:

Aktiv: Der Täter tritt in den Vordergrund, ist Subjekt des Satzes.

(Peter) → [putzt] → das Fahrrad.

Passiv: Der Vorgang tritt in den Vordergrund.

a) Der Täter wird nur noch nebenbei mit der Präposition von genannt (täterabgewandtes Passiv).

(von Peter)

(Das Fahrrad) ⟨ wird geputzt.

b) Der Täter bleibt gänzlich unerwähnt (täterloses Passiv).

(Das Fahrrad) ⟨ wird geputzt.

So wird das Passiv gebildet:

[flektierte Form von werden] + [Partizip Perfekt des Verbs]

Die Sitzbänke werden demoliert.

2. Verbformen im Aktiv und Passiv

2 Unterstreiche in den folgenden Texten die Aktivformen, kennzeichne die Passivformen mit einer Wellenlinie.

a)

Nachdem die Zimmerleute die Latten genagelt haben, werden die Dachpfannen aufgedeckt.

Auf Wunsch decken die Dachdecker die Holzstreben mit Schieferplatten ab.

Die Schieferplatten passen zur Farbe der Dachpfannen.

Am Schluß werden die Wasserrinnen angefertigt.

b) Vierjährigen vergessen

Ein Vierjähriger, der Sonntag abend auf einem Autobahnrastplatz bei Duisburg aufs Töpfchen mußte, wurde von seinem eiligen Vater glatt vergessen. Der Mann, der mit drei Sprößlingen unterwegs nach Borken war, bemerkte erst etwa zehn Kilometer nach dem Stopp, daß nur zwei Kinder im Wagen saßen. Der Vierjährige, mutterseelenallein an der Autobahn stehend, war in der Zwischenzeit von einem Autofahrer bei der Polizei abgeliefert worden.

Die wichtigsten Tempusformen

	Aktiv	**Passiv**
Präsens	ich trete	ich werde getreten
Perfekt	ich habe getreten	ich bin getreten worden
Präteritum	ich trat	ich wurde getreten
Plusquamperfekt	ich hatte getreten	ich war getreten worden
Futur I	ich werde getreten	ich werde getreten werden
Futur II	ich werde getreten haben	ich werde getreten worden sein

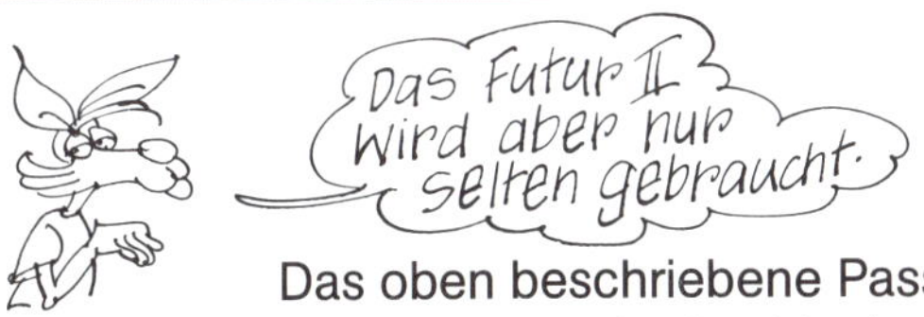

Das oben beschriebene Passiv heißt **Vorgangspassiv,** weil es einen Vorgang in den Vordergrund stellt.
Entsprechend geht es beim **Zustandspassiv** um einen Zustand: Das Auto ist gewaschen.

Häufig wird das Ergebnis eines Geschehens mit der Form des Zustandspassivs dargestellt und die Form des Vorgangspassivs damit vereinfacht:
Der Unterricht ist **beendet worden.**

↓

Der Unterricht ist **beendet.**

3 Bilde die folgenden Passivformen:

a) zerbrechen (3. Person, Maskulinum, Singular, Präteritum)

____

b) finden (1. Person, Singular, Präsens)

____

c) zerstören (3. Person, Neutrum, Singular, Perfekt)

____

d) entdecken (1. Person, Plural, Plusquamperfekt)

____

e) sehen (2. Person, Singular, Perfekt)

____

Im Aktiv wird der Handelnde, Urheber oder Verursacher der Handlung immer mitgenannt. Es handelt sich um eine täterbezogene Sicht der Darstellung.

4 Unterstreiche jeweils den Täter und das zugehörige Verb.

Trauernde Elefantenherde
Elefanten haben in Südindien einen Tag lang den Verkehr auf einer Bahnlinie blockiert, nachdem der Zug auf dieser Strecke ein Elefantenbaby überfahren und getötet hatte.
Alle Elefanten der Gegend versammelten sich nach dem Unfall wie auf Zuruf und ließen sich mit Drohgehabe auf den Schienen nieder. Dies meldete die indische Nachrichtenagentur.

Übertrage den ersten Satz des Textes ins Passiv.

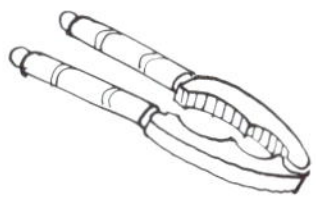

Oft wird das Passiv auch ohne den Täter (von...) formuliert.
Man spricht dann vom täterlosen Passiv.
Überlege, warum in dem Gliedsatz, der mit „nachdem" beginnt, auf die Nennung des „Täters" verzichtet werden könnte.

5 Formuliere die folgenden täterlosen Passivsätze um.
Erfinde einen Täter oder nenne einen unbestimmten Täter, zum Beispiel:
jemand, man, niemand, ein Unbekannter...

Eine alte Frau ist auf dem Friedhof bestohlen worden.

Gestern wurde die Fassade der neu erbauten Brüder-Grimm-Schule mit politischen Parolen beschmiert.

Das strikte Rauchverbot wird nicht eingehalten.

6 Formuliere jeweils ins Aktiv oder ins Passiv um.

Martina wird heute abend von zwei netten Mitschülern abgeholt.

Dem kleinen Patienten wird bestimmt gleich von dem Arzt geholfen werden.

Jochen wurde von einem vorbeifahrenden Auto gestreift und gegen die Hauswand geschleudert.

Ein freundlicher Polizist zeigt Martina in der fremden Stadt den Weg zur Jugendherberge.

Der Auftrag war von der Firma zur Zufriedenheit des Kunden ausgeführt worden.

7 Nicht mit allen Verben kann man ein Passiv bilden.
Probiere aus: Mit welchen Verben ist ein Passiv möglich, mit welchen nicht? Ordne entsprechend zu.

Passiv möglich	Passiv nicht möglich
Verben, die auf ein Ziel gerichtet sind: **transitive** Verben	Verben, die nicht auf ein Ziel gerichtet sind: **intransitive** Verben

8 Bestimme im folgenden Text die unterstrichenen Verbformen (Aktiv?/Passiv?/Tempus?).

Glasmaus gegen Tierversuche

Mit der Entwicklung einer „Glasmaus" zur Produktion von sogenannten monoklonalen Antikörper mit Hilfe von Zellkulturen ist dem Bochumer Professor Frank Falkenberg jetzt ein weiterer Schritt auf dem Weg gelungen, die Zahl der Tierversuche zu verringern. Wie die Pressestelle der Ruhr-Universität in Bochum berichtet, werden künftig mit Hilfe der Apparatur Antikörper produziert, die in der Medizin unter anderem zur Entwicklung diagnostischer Verfahren zur Therapie und Früherkennung bestimmter Krebsarten benötigt werden.

9 Unterstreiche die Verbformen in der folgenden Nachricht.

Das meldete eine Nachrichtenagentur aus den USA

Zwei amerikanische Bergsteiger haben einen Sturz über 275 Meter Höhenunterschied unverletzt überlebt. Ein Windstoß hatte die beiden Bergsteiger vom Hang in das Tal geschleudert.

Die Böe riß auch das Zelt, das das gesamte Gepäck der beiden Männer enthielt, in die Tiefe.

Es war ein schier unglaubliches Glück, daß die beiden Männer in einer Schneewehe landeten.

Übertrage mindestens zwei Verbformen ins Passiv, um zu verdeutlichen, daß die Handlung aus der Sicht des Betroffenen in den Vordergrund gerückt wird.

10 Welche Fassung einer Verkehrsdurchsage ist im Aktiv (= A), welche im Passiv (= P) formuliert? Trage in das Kästchen ein.

Fassung a)

☐ Heute nachmittag um 17 Uhr sprengen zwei Sprengmeister, nämlich Herr Grote und Herr Lorenbach vom städtischen Sprengkommando, einen alten Wasserturm in unmittelbarer Nähe der B 1 kurz vor Soest. Einige Polizisten müssen die Bundesstraße sperren und den Verkehr über einen Nebenort umleiten. Wann genau die Polizei die Bundesstraße wieder freigibt, ist noch nicht bekannt.
Sie rechnet aber mit nicht mehr als einer Stunde Dauer.

Fassung b)

☐ Heute nachmittag 17 Uhr wird der alte Wasserturm an der B 1 kurz vor Soest gesprengt. Die Bundesstraße wird für ca. eine Stunde gesperrt. Der Verkehr wird über einen Nebenort umgeleitet.

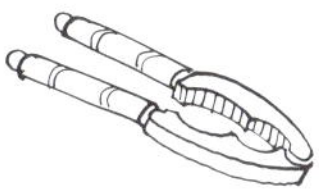

Welche Fassung erfüllt eher den Zweck einer Verkehrsdurchsage? Begründe.

11 Unterstreiche alle Verbformen, und schreibe sie in die Zusammenstellung unten. Nenne für die Sätze mit einer Passivform jeweils den Verursacher der Handlung.

Griechenland wird von Bränden heimgesucht
In Griechenland haben seit dem Wochenende Waldbrände mehr als 30 000 Hektar Wald- und Ackerland vernichtet. Gestern wüteten Brände am Prespa-See, wo Griechenland, Jugoslawien und Albanien aneinandergrenzen. Durch das Feuer wurden in unwegsamem Gelände zahlreiche Minen gezündet.

	Verbformen im Aktiv	Verbformen im Passiv
Präsens		
Perfekt		
Präteritum		

12 Die folgenden Kurzüberschriften aus Zeitungen wirken in dieser Form prägnant. Grammatisch ist jedoch die Passivform des Verbs unvollständig.
Ergänze, was in den Überschriften ausgelassen worden ist. Beachte dabei auch die in der Klammer angegebenen Tempusformen.

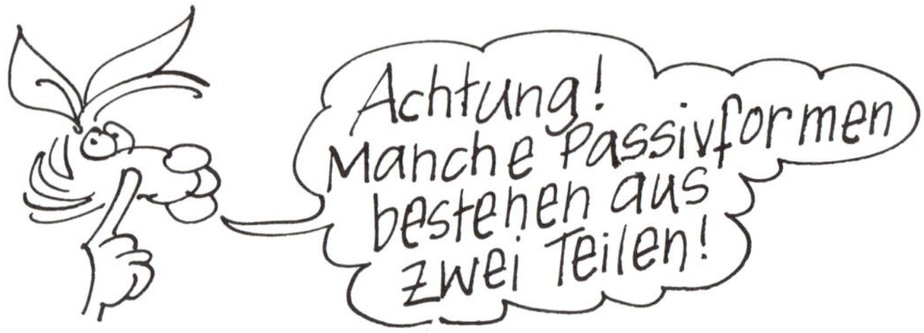

Über 100 Jugendliche ______________ von ihrer Schule verabschiedet. *(Präteritum)*

Angeklagter ______________ entlastet ______________. *(Perfekt)*

Bauboom ______________ gebremst ______________. *(Perfekt)*

Fußballspieler ______________ zu saftigen Geldstrafen verdonnert ______________. *(Plusquamperfekt)*

Verbrecher ______________ unschuldig verurteilt. *(Präteritum)*

Risiko ______________ noch nicht genannt. *(Präteritum)*

Wiedergutmachung ______________ gestern festgelegt ______________. *(Perfekt)*

13 Formuliere weitere mögliche Überschriften im Passiv. Nutze dazu den folgenden Text.

Automarder auf frischer Tat von Polizei erwischt
Eine Serie von nächtlichen Autoaufbrüchen, über das gesamte Stadtgebiet von Paderborn verteilt, hielt am Wochenende die Polizei in Atem. Ein Automarder hatte allerdings Pech. Ein aufmerksamer Bürger beobachtete den 23jährigen in der Nacht zum Samstag bei seinem Tun und alarmierte die Funkstreife. Auf frischer Tat nahmen die Beamten den Ganoven, der bereits mehrere Wagen geknackt hatte und für die Kripo kein Unbekannter ist, in der Südstadt fest.

14 Setze in die Lücken die untenstehenden Verben in der angegebenen Reihenfolge in einer Passivform ein.

Wirkungen einer Tierlawine

Einige Jäger erwarteten an einer Paßenge die Ankunft einer riesigen Herde von Springböcken. Ihr Vordringen auf Weideland sollte ________ ________. Als es Morgen wurde, erschien eine unermeßlich große Herde von Gazellen. Beim Krachen der ersten Schüsse geschah etwas Unerwartetes. Die Masse der Tiere riß nicht aus, sondern startete zum Galopp nach vorn. Wie eine riesige Flutwelle ________ die Herde auf die Jäger ________. Eilig brachten sich die Männer auf einem steilen Felsen in Sicherheit.

Da ________ auch schon die Jagdhunde ________ und von den Hufen unzähliger Tiere ________.

Von ihrem sicheren Standort aus beobachteten die Jäger, wie in der Tierlawine auch artfremde Antilopen einfach ________ ________. Schwächere Tiere ________ ________, die anderen mußten einfach mitlaufen. Eine ganze Schafherde ________ ________ und lief mit. Es klingt unwahrscheinlich, aber auch ein Löwe ________ ________. Inmitten der Tiere, die sonst zu seiner Beute zählen, mußte er um sein Leben rennen.

verhindern, zutreiben, überrennen, zermalmen, mitreißen, tottrampeln, einschließen, mitreißen

15 Forme die folgenden Aktivsätze in Passivsätze um. Formuliere einmal mit einem Verursacher der Handlung (täterabgewandtes Passiv) und einmal ohne einen Verursacher der Handlung (täterloses Passiv).

Beispiel:
Aufmerksame Nachbarn beobachteten einen Autoknacker.

Ein Autoknacker **wurde** von aufmerksamen Nachbarn **beobachtet.**

Ein Autoknacker **wurde beobachtet.**

Der hiesige Taubenzuchtverein gewann den Jubiläumspreisflug.

Drei Polizisten verhaften eine gefährliche Einbrecherbande auf frischer Tat.

Der Auktionator versteigert ein teures Gemälde.

Ein rasender Autofahrer gefährdete eine Fußgängergruppe.

Die Techniker hatten nach einigen Tagen harter Arbeit den Fehler im Computer ermittelt.

16 Forme ins Passiv um, wo es sinnvoll und möglich ist, auch in der Überschrift.
Wenn es keine bestimmten Verursacher gibt, kannst du auch einen unbestimmten einsetzen.

Ein tollwütiger Fuchs jagt eine Katze
Wie die Polizei mitteilte, hat ein tollwütiger Fuchs in Babenhausen eine Wohnküche verwüstet und die Hausfrau in Angst und Schrecken versetzt.
Die 37jährige Hausfrau hatte das Fenster geöffnet, um ihre Katze in den Garten zu lassen. Dort stürzte sich Meister Reineke auf die Katze, die in die Küche zurücklief. Meister Reineke verfolgte sie daraufhin.
Der Fuchs verwüstete die Küche, die Polizei setzte ihn schließlich mit einem Stock außer Gefecht. Ein Polizist trug ihn nach draußen und erschoß ihn. Der Fuchs hatte die Katze nicht verletzt.

17 Unterstreiche die Verbformen im Aktiv, kennzeichne die Passivformen mit einer Wellenlinie.

Geisterfahrer wendete auf der Autobahn
Ein „Geisterfahrer“ hat gestern auf der Autobahn bei Beckum (Kreis Warendorf) einen Unfall verursacht, bei dem vier Menschen schwer verletzt wurden. Nach Angaben der Autobahnpolizei war ein 72jähriger mit seinem Wagen von der Anschlußstelle Beckum aus in die falsche Richtung auf die Autobahn A 2 Richtung Oberhausen geraten. Nach etwa 50 Metern hatte er seinen Irrtum bemerkt und gewendet.

Unbekannter entreißt Rentnerin Handtasche
Einer 65jährigen Rentnerin, die vergangenen Donnerstag gegen 11.30 Uhr in Bad Lippspringe die Straße „Am Besring“ überquerte, wurde nach Angaben der Polizei von einem Unbekannten die Handtasche entrissen. Dieser entkam durch den Jordanpark Richtung Stadtmitte. In der Tasche befanden sich eine weinrote Geldbörse mit 500 Mark, eine Scheckkarte und eine als Geschenk verpackte Herrenarmbanduhr.

Feuerlöscher löste Polizei-Alarm aus
Ein achtlos weggeworfener Feuerlöscher hat am Mittwoch abend die Bonner Polizei in Atem gehalten. Nach Angaben der Polizei war der verdächtig erscheinende Gegenstand an einer Autobahnabfahrt entdeckt worden. Aus „Sicherheitsgründen“ sperrten die Beamten daraufhin die Autobahn A 565 von Meckenheim in Richtung Siegburg. Erst nach eineinhalb Stunden war der abendliche „Spuk“ vorüber. Insgesamt waren acht Streifenwagen mit dem ungefährlichen Müllteil beschäftigt.

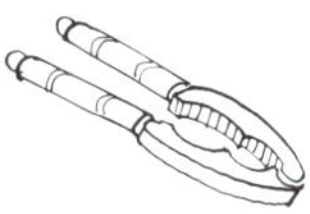

Bestimme die Passivformen (Personalform, Numerusform, Tempusform).

18 Formuliere aus den Stichwörtern eine kurze Anweisung. Benutze dabei, wo es sinnvoll ist, das Passiv.

- Kaugummiflecken: Eiswürfel auf den Fleck legen, Kaugummi wird dadurch bröckelig, man kann es dann mit dem Fingernagel abkratzen.

19 Dies sind Überschriften aus Zeitungen. Unterstreiche die Verbformen. Schreibe jeweils dahinter, ob es sich um Aktiv (A) oder Passiv (P) handelt.

Der Sieg wurde auf der Zielgeraden entschieden

Meterweise Briefmarken gestohlen

Unfall: Beifahrer getötet

Gewitter und Gegenwind: Tauben hatten es schwer

Einen hohen Preis bezahlt

Grüne Woche: Der Tisch ist gedeckt

Glückwunsch - Sie haben gewonnen!

Rentnerehepaar überfallen

48 Überlebende aus Lawinen geborgen

Punkt verloren - und doch gewonnen

20 Überlegt, warum in dem Gedicht auf der nächsten Seite das Passiv gebraucht wird. Was will der Verfasser wohl damit zum Ausdruck bringen?

Kemal Altun war ein türkischer Asylbewerber, der nach Ablehnung seines Asylantrags per Gerichtsbeschluß in die Türkei zurückgebracht werden sollte. Kemal Altun nahm sich daraufhin das Leben, indem er aus dem Fenster auf die Straße sprang.

Deutschstunde *(Peter Schütt)*

Die Türkenkinder
lernen Deutsch.
Sie bekommen den Unterschied
zwischen Aktiv und Passiv
beigebracht.

Semra, ruft die Lehrerin,
bilde einen Satz mit „springen“!
Semra sagt:
Er wurde gesprungen.
Falsch, ruft die Lehrerin.
Aber Kemal Altun,
antwortete Semra kleinlaut,
wurde in den Tod gesprungen.
Er ist freiwillig
gesprungen, korrigiert
sie die Lehrerin,
und Semra wiederholt:
Kemal Altun wurde freiwillig
in den Tod gesprungen.

3. Zusammenfassung

Die Verbform **Aktiv** stellt den Urheber, Verursacher, Täter in den Vordergrund:

Der Junge repariert sein Fahrrad.
Die Mutter kocht den Pudding.

Die Verbform **Passiv** stellt einen Vorgang oder Zustand in den Vordergrund. Entsprechend unterscheidet man

Vorgangspassiv: Das Fahrrad wird (von dem Jungen) repariert.
Der Pudding wird (von der Mutter) gekocht.

Zustandspassiv: Dieser ist oft die Folge oder das Ergebnis eines Vorgangs, der vorausgegangen ist; die Form wird damit vereinfacht:

Das Fahrrad ist repariert (worden).
Der Pudding ist gekocht (worden).

Nicht verwechseln darf man die beiden folgenden Verbformen:
Futur I (Aktiv): Der Lehrer wird Svenja loben.
Präsens Passiv: Svenja wird vom Lehrer gelobt.

Satzreihe und Satzgefüge

1. Satzreihe und Kommasetzung

Satzreihe

Hauptsatz		**Hauptsatz**
Petra muß heute eine Mathearbeit schreiben	.	Kirsten macht eine Klassenfahrt.
	,	
	, und / aber / doch / …	
	. Und / Aber / Doch / …	

Die **Satzreihe** ist eine Verbindung (Parataxe, griech. = Nebenordnung) von Hauptsätzen, das heißt von Sätzen, die auch für sich allein stehen können.
Es gibt folgende Möglichkeiten:

a) zwei Hauptsätze, die durch Punkt aneinandergereiht werden,

b) zwei Hauptsätze, die durch Komma aneinandergereiht werden,

c) zwei Hauptsätze, die durch Bindewort (Konjunktion) und Komma aneinandergereiht werden,

d) zwei Hauptsätze, die durch Bindewort und Punkt aneinandergereiht werden.

1 Schreibe die folgende Satzreihe in die drei noch fehlenden Möglichkeiten um.

Svenja liegt in der Sonne. Peter sitzt vor dem Fernsehapparat.

Vor **und** und **oder** steht ein Komma, wenn danach ein ganzer Satz folgt.

Komma: Petra hat heute in der ersten Stunde Mathe, und *ganzer Satz* Kirsten hat Geschichte.

Kein Komma: Petra hat heute in der ersten Stunde Mathe und *kein ganzer Satz* Kirsten Geschichte.

Konjunktionen (Bindewörter), die gleichrangige Sätze, Wörter, Satzglieder miteinander verbinden können, heißen gleichordnende Bindewörter (koordinierende Konjunktionen).

Sie können im Rahmen der Satzreihe unterschiedliche Bedeutungsleistungen haben:

- Sie verbinden und reihen: und, sowie ...
- Sie geben die Begleitumstände an: und, also ...
- Sie verdeutlichen das Gegenteil: aber, trotzdem ...
- Sie geben Grund und Ursache an: denn, daher, deshalb ...
- Sie geben mehrere Möglichkeiten an: oder, entweder ... oder

2 Setze passende Konjunktionen ein (siehe oben).

Im Geschichtsunterricht will sich die Klasse 8a ausführlich mit dem Thema „Entdecker und Eroberer" beschäftigen, ____________ sie planen für das Schulfest ein Projekt zu diesem Thema.

Michael interessiert sich für Mathematik, ____________ Carsten freut sich immer auf die Musikstunden.

Pia findet Erdkunde und Geschichte toll, ____________ verschlingt sie geradezu alle Bücher über Expeditionen und fremde Kulturen.

3 Verbinde die Hauptsatzpaare mit Hilfe einer passenden Konjunktion. Es gibt mehrere Möglichkeiten.

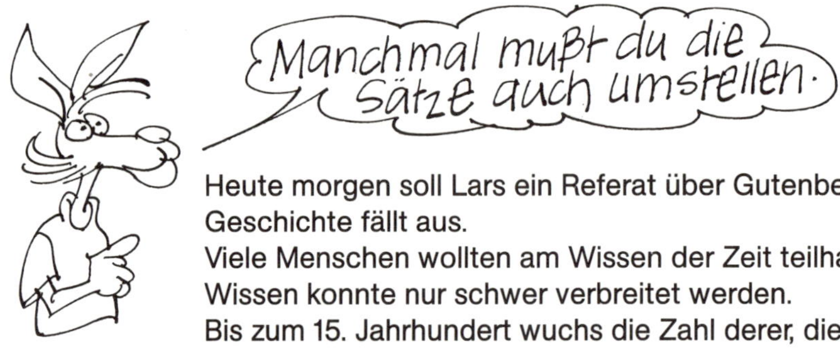

Heute morgen soll Lars ein Referat über Gutenberg halten. Geschichte fällt aus.
Viele Menschen wollten am Wissen der Zeit teilhaben. Das Wissen konnte nur schwer verbreitet werden.
Bis zum 15. Jahrhundert wuchs die Zahl derer, die mehr wissen wollten, rapide an. Man suchte nach einer einfacheren Art der Bücherherstellung.
Gutenbergs neue Ideen durften damals nicht allzu früh bekannt werden. Einen Schutz für geistiges Eigentum gab es damals noch nicht.
Gutenberg gilt als Erfinder des Buchdrucks. Ein geschäftstüchtiger Teilhaber nutzte seine Erfindung. Gutenberg starb als armer Mann.
Gutenberg benötigte für seine Arbeiten sehr viel Geld. Der Advokat Johannes Fust lieh ihm für sein Vorhaben eine beträchtliche Summe.
Gutenberg kam durch seine geniale Erfindung nicht zu Reichtum. Der Buchdruck mit beweglichen Lettern bleibt für immer mit seinem Namen verbunden.

4 Kennzeichne bei dem folgenden Text in der Aussage der Frau alle Hauptsätze durch Unterstreichung. Kennzeichne die Konjunktionen durch Umkreisen.

Tik tak *(nach Irmela Wendt)*

Eine Frau sprach mit ihrer Nachbarin über ihre Kinder: „Alles geht bei uns nach der Uhr, denn um ein Uhr haben die Kinder gegessen, und bis zwei Uhr arbeiten sie an den Schulaufgaben, bis fünf Uhr dürfen sie spielen, um halb sechs essen sie Abendbrot, danach lernt die Großmutter noch mit den Kindern, und von abends sieben bis morgens sieben schlafen sie. Um acht Uhr gehen sie zur Schule, und um zwölf Uhr dreißig sind sie wieder zu Hause.
Daraufhin bemerkte die Nachbarin: „Es dauert sicher nicht mehr lange, und ihre Kinder ticken wie eine Uhr."

2. Satzgefüge

Satzreihe

Hauptsatz		**Hauptsatz**
Marita will in die Bücherei fahren,	denn und	sie will sich ein Buch über Kolumbus ausleihen.

Satzgefüge

Hauptsatz		**Gliedsatz/Nebensatz**
Marita will in die Bücherei fahren,	weil	sie sich ein Buch über Kolumbus ausleihen will.

Satzgefüge

Hauptsatz (1. Teil)	**Gliedsatz/Nebensatz**		**Hauptsatz (2. Teil)**
Monika will,	weil	sie sich ein Buch über Kolumbus ausleihen will,	in die Bücherei fahren.

Mit Hilfe der Konjunktion **weil** wird der zweite Hauptsatz dem ersten Hauptsatz untergeordnet. Er wird damit zum Gliedsatz/Nebensatz, er wird von dem Hauptsatz abhängig.
Hauptsatz und Gliedsatz bilden einen neuen Gesamtsatz, diesen nennt man **Satzgefüge.**
Zu einem Satzgefüge gehört mindestens ein Hauptsatz und ein Gliedsatz.

Für die Anordnung im Satzgefüge gibt es mehrer Möglichkeiten:

a) **Hauptsatz** → **Gliedsatz**

b) **Gliedsatz** → **Hauptsatz**

c) **Haupt...** **Gliedsatz** **...satz**

5 Forme das Satzgefüge von S. 83 in die noch fehlende Möglichkeit um:

____

____

____

6 Forme das folgende Satzgefüge in zwei weitere Möglichkeiten um:

Obwohl Verena zugesagt hat, will sie ganz plötzlich nicht mehr mit zur Klassenparty gehen.

____

____

____

____

Konjunktionen (Bindewörter), die einen Gliedsatz einleiten und diesen einem Hauptsatz oder Trägersatz zuordnen, heißen **unterordnende Bindewörter** (subordinierende Konjunktionen).
Solche Konjunktionen sind zum Beispiel:
als, da, damit, wenn, weil, während, bevor, obgleich, nachdem, daß ...

7 Ersetze jeweils den zweiten Satz durch einen Gliedsatz mit **daß.**

Beispiel:
Es ist wirklich am besten. / Wir wählen jetzt den Klassensprecher.
Es ist wirklich am besten, daß wir jetzt …

Wir sind uns doch wohl einig. / Christina wird unsere Sprecherin.
Ich bin davon überzeugt. / Wir haben uns genügend in der SV beteiligt.
Ich habe Angst. / Die 8 b kommt uns zuvor.
Als erstes ist es nötig. / Wir veröffentlichen unsere Ansichten in der Schülerzeitung.
Es ist selbstverständlich. / Ich mache das.

8 Bilde ein Satzgefüge; du mußt dabei manchmal umstellen. Beachte daß der Gliedsatz vorn oder hinten stehen kann. Kennzeichne Hauptsatz und Gliedsatz auf folgende Weise:
Hauptsatz: ______________
Gliedsatz:

Kolumbus ging von der Kugelgestalt der Erde aus. Er wollte Indien auf der Fahrt nach Westen erreichen. *(weil)*

Kolumbus konnte seinen Plan am portugiesischen Hof nicht durchsetzen. Er ging enttäuscht nach Spanien. *(daß oder weil)*

Kolumbus hielt bis zu seinem Lebensende an seiner Überzeugung fest. Er hatte den Seeweg nach Indien entdeckt. *(daß)*

Svenja hat heute Zeit. Sie liest ein Buch von Stefan Zweig über den Entdecker Magellan. *(weil oder als)*

! Gliedsätze, die durch eine Konjunktion eingeleitet werden, heißen **konjunktionale Gliedsätze.**

9 Kennzeichne alle konjunktionalen Gliedsätze in den folgenden Satzgefügen durch eine Wellenlinie.
Umkreise die Konjunktionen.

Aus dem Bordbuch des Kolumbus

Alles deutet darauf hin, daß wir auf Land zusteuern.

Vielleicht haben mir die Aufrührer deshalb das Leben geschenkt, weil sie selber daran glauben, daß wir dem Ziel nahe sind.

Es kann sein, daß dies meine letzte Eintragung ist.

Weil die Aufrührer vielleicht das Bordbuch ins Wasser werfen, wird die spanische Königin nie erfahren, daß ich kein weltfremder Träumer bin.

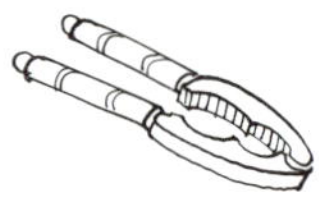

10 Forme den folgenden Text so um, daß du möglichst viele konjunktionale Gliedsätze bekommst.
Achte auf die Bedeutungsbeziehungen im Text.
Überlege dir, welche Konjunktionen (s. S. 87) du deshalb einsetzen kannst.

Zwei Frösche wurden einmal in eine Molkerei verschlagen. Sie hüpften dort herum. Der eine fiel in eine Milchkanne. Er versuchte immer wieder, an den glatten Wänden emporzuhüpfen, denn er wollte heraus. Er rutschte an den glatten Wänden herunter. Deshalb ließ er von seinem vergeblichen Bemühen ab. Er hörte auf, zu springen und zu schwimmen, und ging unter und ertrank. Das war ein *Pessimist.* Er ruhte in seinem Milchgrab.
Der andere hüpfte weiter in der Molkerei herum. Er fiel aber schließlich auch in eine Milchkanne. Er schwamm hin und her, ruderte die Kreuz und die Quer, denn er wollte heraus. „Durch Springen und Schwimmen muß ich hier herauskommen," dachte er bei sich. Und siehe da: Am nächsten Morgen saß er auf einem Klumpen Butter: Das war ein *Optimist.*

Konjunktionale Gliedsätze können anstelle von Satzgliedern in der Rolle „Adverbiale Bestimmung“ stehen. Diese **Adverbialsätze** können Unterschiedliches zum Ausdruck bringen; man unterscheidet sie daher nach:

- Kausalsatz (Grund: warum? weshalb?) durch die Konjunktion **weil**
- Temporalsatz (Zeit: wie lange? wann?) durch die Konjunktionen **nachdem, als, solange, bis . . .**
- Konsekutivsatz (Folge: mit welcher Folge?) durch die Konjunktion **daß**
- Konditionalsatz (Bedingung: unter welcher Bedingung?) durch die Konjunktion **wenn**
- Finalsatz (Ziel: wozu?) durch die Konjunktion **damit**
- Konzessivsatz (Einräumung: trotz welcher näheren Umstände?) durch die Konjunktionen **obwohl, obgleich**
- Adversativsatz (Gegensatz: zu wem oder was im Gegensatz?) durch die Konjunktion **anstatt daß**

11 Setze eine passende Konjunktion ein, und bestimme die Art des Gliedsatzes.

____________ Peter wiederkommt, tanzt Silke mit Lars.

____________ die Zeit schon sehr fortgeschritten ist, verabschiedet er sich bald.

____________ er spricht, lächelt sie einem anderen zu.

____________ sie mit in das Konzert kommt, setzt er alle seine Überredungskünste ein.

Sonja will mitkommen, ____________ sie das letzte Mal enttäuscht war.

____________ die Fete zu Ende war, wurden alle Gäste von Frau Lindemann nach Hause gefahren.

_______________ du mitkommst, gebe ich dir eine Cola aus.

Er redete mit solcher Begeisterung auf sie

ein, _______________ sie schließlich zustimmte.

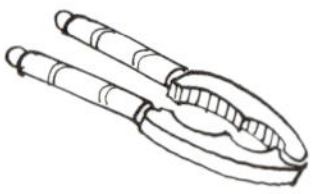

Übertrage, wo dies möglich ist, die Adverbialsätze in ein Satzglied in der Rolle „Adverbiale Bestimmung".
Du mußt dabei umformulieren: Statt der Konjunktionen benötigst du Präpositionen. Beachte, daß manche Wörter zugleich Konjunktionen und Präpositionen sein können.

Konjunktionen	Präpositionen
als, nachdem	nach
während	während
bis	bis
weil	wegen
wenn	bei, unter
obwohl, obgleich	trotz
indem	durch

Beispiel:

Konjunktion
↓
(Nachdem) er gefragt hatte,
sagte keiner mehr was.

Präposition
↓
(Nach) seiner Frage
sagte keiner mehr was.

Außer dem konjunktionalen Gliedsatz gibt es auch noch andere Gliedsätze/Nebensätze.

Der folgende Satz ist ein Relativsatz. Er wird durch ein Relativpronomen eingeleitet und spielt im Satz die Rolle eines Attributs.

! **Relativpronomen** (bezügliches Fürwort: der, die, das/welcher, welche, welches) beziehen sich auf ein Bezugsnomen im übergeordneten Satz.

Hauptsatz		**Gliedsatz**
Kolumbus sah plötzlich ein Licht	,	(das) sich mit den Wellen hob und senkte.

Hauptsatz (1. Teil)		**Gliedsatz**		**Hauptsatz (2. Teil)**
Der Kanonenschuß	,	(der) Land ankündigte	,	löste Erleichterung aus.

12 Kennzeichne die Relativsätze mit einer Wellenlinie und die Relativpronomen durch Umkreisen.

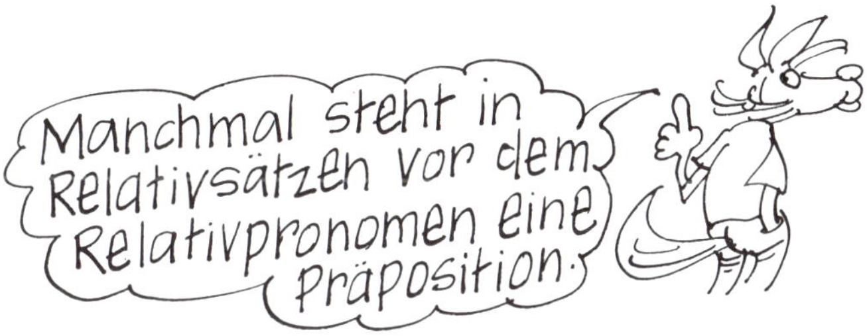

Magellan, der als Sohn eines portugiesischen Adligen geboren wurde, durchfuhr als erster den Pazifik.
Auf dieser Fahrt litt die Mannschaft, von der etwa ein Zehntel umkam, unter furchtbaren Entbehrungen.
Als Magellan am portugiesischen Hof in Ungnade gefallen war, versuchte er sein Glück beim spanischen Königspaar, von dem er sich Unterstützung seiner kühnen Pläne erhoffte.
Mit fünf schlecht ausgerüsteten Schiffen, die ihm der spanische König zur Verfügung stellte, verließ er Spanien im Jahre 1519.

Schreibe aus den Sätzen die Bezugsnomen und die Relativpronomen heraus, und kennzeichne wie im Beispiel.

Beispiel: Magellan, der… / ______________________________

____

____

Das Relativpronomen bindet den Relativsatz an sein Bezugsnomen.

Der Mann, (den) er nach dem Weg fragte, antwortete ihm freundlich.

Der Kasus (Fall) des Relativpronomens richtet sich nach der Rolle, die es im Relativsatz spielt.

13 Bestimme in den Relativsätzen aus der Klammer unten den Kasus der Relativpronomen. Schreibe die Numer (1./2./3./4.) jeweils darüber.

Hier eine kleine Hilfe zur Bestimmung der Fälle:
1. Fall: wer? was?
2. Fall: wessen?
3. Fall: wem?
4. Fall: wen? was?

Der Mann,
- **der** ihm entgegenkam,
- mit **dem** er sprach,
- **den** er nach dem Weg fragte,
- **dem** er das Buch gab,
- vor **dem** sich alle fürchteten,
- **dessen** Gesicht ihm bekannt vorkam,

antwortete ihm freundlich.

14 Wenn der Relativsatz an das falsche Bezugsnomen anschließt, wirkt der Satz unfreiwilig komisch.
Korrigiere die folgenden Sätze. Manchmal ist es sinnvoll, die Sätze umzustellen, Ausdrücke zu verändern oder aus dem einen Satz zwei Sätze zu machen.

Sie traf ihre Freundin und Peter, die ein neues Kleid kaufte.
Abends traf sie sich bei einer Fete mit Svenja, die sehr voll war.
Scharfe Scheren und spitze Messer, die keine kleinen Kinder kriegen sollen, muß man immer gut weglegen.
Auf dem Schulhof sprach er mit Jochen und Larissa, mit dem er sich für heute nachmittag verabredete.
Er begegnete Kirsten und Paul, der er zum Geburtstag gratulierte.

15 Kennzeichne in den folgenden Satzgefügen jeweils den Hauptsatz (__________) und Gliedsatz (   ). Gib in der Klammer jeweils mit a, b, c ... das passende der unten stehenden Muster an.

Moderner Dädalus

- Der erste Mensch, der auf die Idee kam, daß man zum Fliegen kaum mehr als die Muskeln braucht, soll der Sage nach ein Grieche namens Dädalus gewesen sein. (   )
- Die Flügel, mit deren Hilfe Dädalus und sein Sohn Ikarus dem König Minos von Kreta entkamen, waren aus Federn und Wachs gefertigt. (   )
- Ikarus ertrank seinerzeit, nachdem er auf seinem Flug der Sonne zu nahe gekommen war, so daß das Wachs geschmolzen und er ins Meer gestürzt war. (   )
- Im Jahre 1988 zeigte ein moderner Dädalus, daß man über 120 Kilometer mit kaum mehr als Muskelkraft fliegen kann. (   )
- Der Grieche, der als Radrennfahrer viele Siege errungen hatte, mußte 75mal pro Minute in die Pedale treten, damit sich der zerbrechliche Flugapparat in der Luft hielt. (   )
- Der Propeller des Flugapparates, der aus Balsaholz, Aluminium und Plastikfolie bestand, durfte keinen Augenblick langsamer werden, weil er sonst in das sieben Meter unter ihm glitzernde Meer gestürzt wäre. (   )
- Die Leistung, die sich der Radrennfahrer abverlangte, (   ) entsprach zwei unmittelbar hintereinander zu absolvierenden Marathonläufen. (   )
- Weil der Flugapparat am Ziel einer plötzlichen Windböe nicht standhält, stürzt er beim Landungsversuch ins Meer. (   )

a. [Hs], [Gs]. d. [Hs], [Gs], [Gs].

b. [Gs], [Hs]. e. [Hs...], [Gs], [Gs], [...Hs].

c. [Hs...], [Gs], [...Hs]. f. [Hs...], [Gs], [...Hs], [Gs].

Gliedsätze sind einem anderen Satz (Hauptsatz oder Trägersatz) angegliedert oder untergeordnet. Oft kann man einen Gliedsatz daran erkennen, daß das Verb am Schluß steht.

16 Unterstreiche in den folgenden Gliedsätzen das Verb. Kennzeichne mit a oder b über dem Satz:

a) konjunktionaler Gliedsatz
b) Relativsatz als Gliedsatz

Monika, die eigentlich mit Lars ins Kino gehen wollte, sagt ihm ganz unvermittelt ab, weil sie keine Lust mehr habe.

Carina tanzt auf der Party einmal mit Oliver, von dem sie gehört hat, daß er ein Supertänzer sei.

3. Gliedsätze/Nebensätze und ihre Rollen im Satz

Gliedsätze können im Satz die Rollen von Satzgliedern übernehmen, das heißt, sie können sein:

- Subjekt
- Objekt
- Adverbiale Bestimmung.

Auch das **Attribut,** das kein eigenes Satzglied, sondern nur Teil eines Satzgliedes ist, kann ein Nebensatz/Gliedsatz sein.

Subjekt

a) Satzglied — Pierres Ankunft war schnell bekannt.

b) Gliedsatz (Subjektsatz) — Daß der Austauschschüler Pierre angekommen war, war schnell bekannt.

Akkusativobjekt

a) Satzglied — Sie weiß es.

b) Gliedsatz (Objektsatz) — Sie weiß, daß er kommt.

Präpositionales Objekt

a) Satzglied — Er wartet [auf ihr Kommen] .

b) Gliedsatz (Objektsatz) — Er wartet darauf, [daß sie kommt] .

Adverbiale Bestimmung

[Nach der Mathearbeit] atmeten einige auf.

[Nachdem die Mathearbeit geschrieben war] , atmeten einige auf.

Attribut

a) Teil eines Satzgliedes — [Das *hübsche* Mädchen] war ihm schon gestern aufgefallen.

b) Nebensatz (Gliedsatz) — [Das Mädchen, *das hübsch ist,*] war ihm schon gestern aufgefallen.

17 Bestimme jeweils die Rolle des Satzglieds oder des Gliedsatzes. Schreibe in die Klammer:
Subjekt = (S)
Objekt = (O)
Adverbiale Bestimmung = (Adv.)
Attribut = (Attr.)

Daß sich Pia an der Ampel falsch verhalten hatte (   ), merkte der Fahrlehrer sofort.
Nach Erscheinen der Polizei (   ) wurde der Verkehr wieder freigegeben.
Trotz mehrerer Verwarnungen (   ) hielt der Autofahrer immer wieder im Halteverbot.
Der Autofahrer, der unaufmerksam war (   ), nahm einem anderen die Vorfahrt.
Als der PKW in die Seitenstraße einbog (   ), kam es zu einem unvorhersehbaren Unfall.
Der Krankenwagen, der von einem Zeugen herbeigerufen worden war (   ), fuhr den Verletzten ins nächste Krankenhaus.

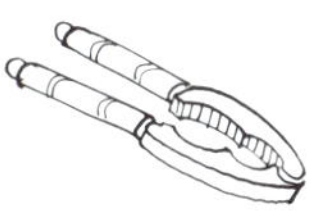

Forme nun die Gliedsätze in Satzglieder oder (bei Attributen) in Teile von Satzgliedern um.
Forme die Satzglieder in Gliedsätze um. Die jeweilige Rolle, die Gliedsatz bzw. Satzglied im Satz spielen, bleibt die gleiche. Manchmal mußt du den Satz ein wenig umformulieren.

4. Satzbau und Stil

Die beiden folgenden Texte zeigen deutlich Unterschiede im Satzbau.

a Die Sonne scheint. Ulrich und Ulrike gehen im Park spazieren. Eine große Trauerweide hängt über den Teich. Schwäne und Enten schwimmen umher und gründeln. Wollen wir rudern? Dort ist ein Steg. Sie mieten ein Boot und steigen ein. Es ist schön hier auf dem Teich. Aber dort drüben ziehen schwarze Gewitterwolken auf. Schnell rudern sie zum Ufer. Ein erster Windstoß wirbelt Papier aus den Abfallkörben. Geschäftige Terrassenober falten die Tischdecken und stellen die Gartenstühle schräg. Man kennt hier diese Sommergewitter.

b Während die Sonne scheint, gehen Ulrich und Ulrike im Park spazieren, vorbei an einer großen Trauerweide, die über den Teich hängt, auf dem Schwäne und Enten umherschwimmen und gründeln. Ulrike sagt, daß sie gern rudern möchte; dort sei ein Steg. Sie mieten ein Boot, mit dem sie auf den Teich hinausrudern. Zwar ist es schön auf dem Teich, aber dort drüben ziehen schwarze Gewitterwolken auf, die Ulrich veranlassen, schnell zum Ufer zu rudern, während ein erster Windstoß Papier aus den Abfallkörben wirbelt. Geschäftige Terrassenober, die solche Sommergewitter kennen, falten die Decken zusammen und stellen die Gartenstühle schräg.

18 In welchem Text stehen hauptsächlich Satzreihen (Parataxe)?

☐ Text a ☐ Text b

In welchem Text stehen hauptsächlich Satzgefüge (Hypotaxe)?

☐ Text a ☐ Text b

Wie wirkt der jeweilige Text auf dich? Kreuze entsprechend an.
Wie eine Beschreibung, in der jemand einzelne Beobachtungen festhält?

☐ Text a ☐ Text b

Wie eine Beschreibung, mit der jemand Park und Personen in einem komplexen Zusammenhang aufeinander bezieht?

☐ Text a ☐ Text b

19 Unterstreiche im Text b) die Hauptsätze, kennzeichne die Gliedsätze (konjunktionaler Gliedsatz/Relativsatz) mit einer Wellenlinie. Umkreise Konjunktionen und Relativpronomen.

5. Satzgefüge und Kommasetzung

Wenn du Hauptsätze und Gliedsätze unterscheiden kannst, hilft dir dies auch bei der Kommasetzung.
Du kannst dann nämlich einen großen Teil der Kommas richtig setzen.
Die wichtigsten Regeln für die Kommasetzung heißen in diesem Falle:

> Hauptsatz und Gliedsatz werden immer durch ein Komma getrennt.
> Zwei Gliedsätze werden immer durch ein Komma getrennt.

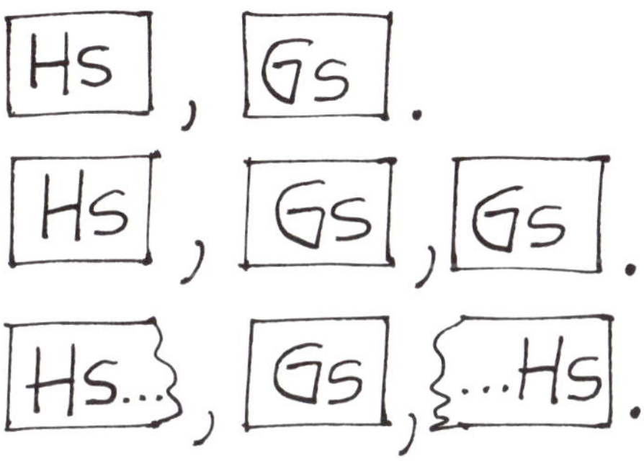

20 In dem folgenden Text a) wird hauptsächlich mit Satzreihen gearbeitet, in dem Text b) mit Satzgefügen.
Kennzeichne jeweils die Hauptsätze durch Unterstreichen und die Gliedsätze durch eine Wellenlinie.
Setze danach die Kommas ein; bedenke dabei, daß auch Hauptsätze durch ein Komma getrennt werden können, wenn sie inhaltlich eng zusammengehören. Die Anzahl der Kommas steht unter den Texten.

a) Ferdinand Reinfall war wieder einmal richtig sauer. Schon wieder hatte ihm gestern Ulrike Tausendschön eine Absage erteilt dabei hatte er sich doch besonders in Schale geworfen. Er dachte noch einmal über Ulrikes Worte nach und er ärgerte sich im nachhinein mächtig über sein Verhalten. Ulrike hatte ihn gar nicht zu Ende angehört sein neues Jackett hatte sie überhaupt nicht bemerkt und er hatte alles so hingenommen. Ganz abrupt hatte sie ihm gesagt: „Ich komme nicht mit ich habe keine Lust." (5)

b) Ferdinand Reinfall war wieder mal so richtig sauer weil Ulrike Tausendschön ihm gestern schon wieder eine Absage erteilt hatte obwohl er sich doch besonders in Schale geworfen hatte. Während er noch einmal ihre Worte überdachte ärgerte er sich im nachhinein über sein Verhalten weil er es einfach hingenommen hatte daß Ulrike ihn gar nicht zu Ende angehört hatte wobei sie offenbar sein neues Jackett überhaupt nicht zur Kenntnis genommen hatte. Ganz abrupt hatte sie gesagt: „Nein ich habe keine Lust." (7)

21 Setze die Kommas richtig ein.
Beachte dabei die wichtigen Kommaregeln:

- Hauptsatz und Gliedsatz werden durch ein Komma getrennt.
- Unterschiedliche Gliedsätze werden durch ein Komma voneinander getrennt.

Der Bungalow den wir für die Ferienwoche gemietet haben liegt an einem See.

Das Theaterstück für das keine Karten mehr zu bekommen war mußte kurzfristig abgesagt werden weil einige Schauspieler die wichtigen Rollen spielten an einer Virusgrippe erkrankt waren.

Er hätte es mir bestimmt gesagt wenn er gewußt hätte wie man es besser macht.

Wir können erst mit der Theaterprobe anfangen wenn Rolf und Tina die wichtige Rollen übernommen haben da sind.

Wir müssen rechtzeitig darauf aufmerksam machen daß es noch fraglich ist ob für dieses Projekt das alle befürworten die erforderlichen Mittel da sind die notwendig sind.

Meine Schwester legt jede Mark die sie geschenkt bekommt zurück weil sie sich von dem ersparten Geld demnächst ein Radiogerät kaufen will das sie sich schon lange gewünscht hat.
Damit sie nicht zu lange sparen muß hat mein Vater der den Spareifer meiner Schwester anerkennen will ein wenig nachgeholfen damit ihr Wunsch bald in Erfüllung geht.

Ich vermute daß das Fahrrad schon sehr alt ist weil es niemand mehr haben will.

Unterschiedliche Arten von Gliedsätzen

Außer konjunktionalen Gliedsätzen und Relativgliedsätzen gibt es auch noch andere Arten von Gliedsätzen; hier sind die unterschiedlichen Arten in knapper Form zusammengestellt.

	Beispiele:
1. Konjunktionaler Gliedsatz (wird durch eine Konjunktion eingeleitet: als, da, daß, nachdem ...)	(Nachdem) Lotte krank geworden war, mußte die Aufführung verschoben werden.
2. Relativsatz (wird durch ein Relativpronomen eingeleitet: der, die, das/welcher, welche, welches ...)	Wir möchten das Theaterstück sehen, (das) die Klasse eingeübt hat.
3. Erweiterter Infinitiv (beim einfachen Infinitiv kein Komma: Er bat sie zu kommen. Auch kein Komma, wenn der erweiterte Infinitiv die Rolle des Subjekts spielt: Subjekt [Viel zu essen] ist ungesund.)	Er bat sie, heute zu kommen.
4. Gliedsatz mit w-Fragewort (wer?/was?/wo?/wem? ...)	Sie wollte nicht sagen, (warum) sie morgen nicht mit zur Fete kommt.
5. Indirekte Rede	Er sagte, er komme morgen.
6. Erweitertes Partizip (beim einfachen Partizip steht kein Komma: Laut schluchzend verließ er den Raum.)	Vor Enttäuschung laut schluchzend, verließ er den Raum.

22 Forme die unterstrichenen Satzglieder zu Relativsätzen oder zu Gliedsätzen mit w-Fragewort um.
Beachte: Hauptsatz und Gliedsatz werden durch ein Komma getrennt.

Auf seine Aussage kannst du dich verlassen.

Auf das, was er __________, kannst ______________________________.

Sie fragte mich nach den Geschehnissen.

____

____

Sie erinnerte mich an mein Versprechen.

____

____

Wir zeigten ihnen unsere Arbeitsplätze.

____

____

23 Forme die unterstrichenen Satzglieder zu konjunktionalen Gliedsätzen um. Vergiß das Komma nicht.

Am frühen Morgen war unsere Wanderung noch ungewiß.
Denn bei schlechtem Wetter wäre der Ausflug nicht sinnvoll.
Während unseres Wartens vor der Schule hörte plötzlich der Regen auf.
Aufgrund der hinter den Bergen hervorkommenden Sonne marschierten wir fröhlich los.

24 Forme die daß-Sätze in Infinitive um. Achte auf die Kommas.

Beispiel: Sven sieht sich genötigt, daß er allen immer wieder ins Gewissen redet. Sven sieht sich genötigt, allen ... zu reden.

Jens bittet Iris, daß sie ihm bei den Physikaufgaben hilft.
Claudia erinnert Mia daran, daß sie heute zum Tennis kommt.
Julia rechnet fest damit, daß sie mitfahren darf.
Kurt glaubt, daß er das Spiel gewinnt.

25 Im folgenden Text mußt du die Hauptsätze und Gliedsätze erkennen und die fehlenden Kommas setzen.

Raumfahrt nach dem Jahre 2000

Die Weltraumingenieure sehen für das nächste Jahrhundert Aufgaben voraus die weit über erste Raumstationen hinausgehen. Eine Verlagerung von Industrie auf den Mond und orbitale Raumstationen wären deshalb praktisch weil man die irdische Umwelt vor weiterer Zerstörung bewahren könnte.

Die Erde könnte so die Wohnstätte der Menschheit bleiben für die sie in erster Linie bestimmt ist. Da andererseits der Aufenthalt im Weltraum im zweiten Jahrtausend längst alltäglich wäre, würden bestimmt viele Menschen gerne für längere Zeit im Weltraum leben.

Damit würde das Projekt einer Astropolis mit dem sich manche Weltraumforscher beschäftigen aktuell. Die Himmelsstadt die von ca. 2000 Menschen bewohnt wäre hätte in jeder Richtung eine Ausdehnung von zwei Kilometern. Während sie um die Erde kreiste würde sie sich gleichzeitig um ihre Hauptachse drehen.

Menschen könnten da sie ihr Gewicht nicht zu tragen brauchten in künstlich erzeugten Luftströmungen wie Vögel fliegen. Sie benötigten nur kleine Flügel die sie sich an die Arme binden würden.

Test Setze die fehlenden Kommas. Die Anzahl steht jeweils unter dem Text.

a)

Anschlag am Schwarzen Brett für Schüler:

Ich bitte alle Schüler der Klasse 7 b daß sie in der großen Pause die Pausenhalle vor dem naturwissenschaftlichen Trakt aufsuchen damit ich dort allerletzte Informationen für die Klassenfahrt nach München geben kann (Abfahrtszeit u. a.).

Anders, Klassenlehrer (2)

b)

Aus einem Polizeiprotokoll:

Der durch einen Schock noch heute beeinflußte Fahrer des Pkw erklärte daß er den Lkw der sich aus Richtung Stadtmitte mit großer Geschwindigkeit der Kreuzung genähert habe nicht bemerkt hat weil ihm ein Wagen der Städtischen Müllabfuhr die Sicht genommen habe. (4)

c)
Durch die Lautsprecheranlage der Schule kommt im Laufe des Morgens folgende Ansage: Frau Niggemann und Herr Nagold erinnern daran daß sich heute alle Schüler der Klassen 5–10 die dem großen Chor, dem Spielkreis und der Instrumentalgruppe angehören zu Beginn der 5. Stunde in der Aula einfinden. Heute soll die erste gemeinsame Probe aller Gruppen für die Entlassungsfeier am kommenden Samstag stattfinden. (3)

d)
Die Leichtathletiksieger des Sportfestes die zu den Bannerwettkämpfen fahren finden sich morgen, 15. 7., auf dem Parkplatz vor der Schule ein. Der Bus der die Bannerwettkämpfer nach Bielefeld bringt wird pünktlich um 7.00 Uhr abfahren. (4)

e)
Nachdem die Schüler auf ihrer einwöchigen Klassenfahrt das Staatliche Museum für Völkerkunde besucht hatten in dem reichhaltige Sammlungen künstlerischer und kunsthandwerklicher Gegenstände aus allen Teilen der Erde zu sehen sind und dessen wertvollste Neuerwerbung der letzten Jahre eine Sammlung mit hervorragenden Kunstgegenständen des Ostens ist gingen sie auf den berühmten Viktualienmarkt, einen großen, volkstümlichen Lebensmittelmarkt im Zentrum der Stadt, der mit seinen zahlreichen Verkaufsständen eine typische Atmosphäre vermittelt. (3)

f)
Ein Rabe hatte einen Käse gestohlen und flog auf einen Baum damit er ihn dort in Ruhe essen konnte. Als dies ein Fuchs sah der gerade vorbeikam rief dieser: „So einen schönen Vogel wie du einer bist habe ich noch nie gesehen. Wenn deine Stimme genau so schön ist wie dein Federkleid muß man dich zum König aller Vögel machen.“ Dies stieg dem Raben in den Kopf so daß er den Schnabel aufriß damit der Fuchs seine Stimme hören sollte. Während nun der Rabe krächzte fiel der Käse dem lachenden Fuchs in den Rachen. (9)

6. Die wichtigsten Kommaregeln auf einen Blick

Das Komma steht:

1. bei Aufzählungen:
   a) Aufzählungen einzelner Wörter:
   Peter, Franz und Carsten sind Freunde.
   b) Aufzählung von Satzgliedern:
   Er verlangte ein Kilo Äpfel, zwei Bananen und etwas Petersilie.
   c) Aufzählung von Gliedsätzen:
   Weil das Wetter schön ist, (weil) wir frei haben und (weil) Marion mitkommt, fahren wir los.

2. bei Einschüben:
   Svenja, ihre beste Freundin, kommt mit.

3. bei Ausrufen, Anreden, Bekräftigungen:
   Nein, das geht doch nicht!
   Petra, komm doch!
   Das stimmt, wirklich!

4. vor entgegenstellenden Konjunktionen:
   Pia geht mit, nicht Karla.
   Lars ist nett, doch nicht immer.

Komma zwischen Sätzen

5. zwischen Hauptsätzen:
   a) Hauptsatz, Hauptsatz:
   Kirsten spielt Tennis, Corinna ist für Volleyball.
   b) Hauptsatz, (Bindewort), Hauptsatz:
   Kirsten spielt Tennis, und Corinna ist für Volleyball.

6. zwischen Hauptsätzen und Gliedsätzen:
   a) Hauptsatz, Gliedsatz oder Gliedsatz, Hauptsatz:
   Sie wartete auf ihre Freundin, die kommen wollte.
   Weil Laura nicht mitkam, blieb Pia auch zu Hause.
   b) Hauptsatz (1. Teil), Gliedsatz, Hauptsatz (2. Teil):
   Das Buch, das er sich geliehen hat, ist spannend.
   c) Hauptsatz, Gliedsatz, Gliedsatz:
   Er war zu Hause, als Lothar kam, um ihn abzuholen.

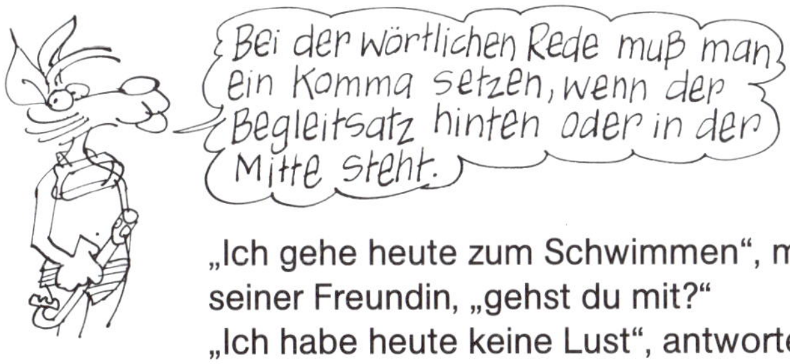

„Ich gehe heute zum Schwimmen“, meinte Felix Fuchs zu seiner Freundin, „gehst du mit?“
„Ich habe heute keine Lust“, antwortete diese.

26 Auch unvollständige Gliedsätze werden durch ein Komma vom übrigen Satz abgetrennt.
Forme die folgenden Sätze entsprechend um.
Beispiel:
Obwohl in Eile, antwortete sie ihm ausführlich.
Obwohl sie in Eile war, antwortete ...

Kaum am Urlaubsort angekommen, lief sie zum Strand.

Einmal angefangen, konnte er so schnell nicht wieder aufhören.

27 Forme in den folgenden Satzgefügen den konjunktionalen Gliedsatz in einen Satz ohne **daß** um.
Beispiel:
Er sagte, daß er es nicht getan habe.
Er sagte, er habe es ...

Sie bat ihn, daß er heute mitkommt.

Er versprach ihr, daß er heute pünktlich sei.

Test

Mit Hilfe der folgenden Texte kannst du selbst testen, ob du die Kommasetzung beherrschst. Die Zahl der einzusetzenden Kommas ist in der jeweiligen Zeile oder unter dem Text angegeben.

Kindermund

KK „Papi wenn ich groß bin heirate ich die Omi.“ –

KK „Das geht nicht mein Junge du kannst doch nicht meine Mutter heiraten.“ –

K „Wieso nicht Papi? Du hast doch auch meine Mutter geheiratet.“

K „Möchtest du ein großes Eis Mami?“ –
K „Nein danke Elsi!“ –
K „Gut aber jetzt mußt du mich auch mal fragen!“

„Papi stimmt es daß die Lehrer bezahlt werden?“ –
„Ja mein Junge das stimmt.“ –
„Du das finde ich aber ungerecht: Wir arbeiten und sie bekommen Geld dafür.“ (6)

In dem folgenden Comic fehlen alle Kommas. Trage sie ein. Es sind 6.

Maus und Elefant

K Was macht ein Elefant der auf einem Baum sitzt und nicht mehr herunterkommt? –

K Er setzt sich auf ein Blatt und wartet bis es Herbst wird.

Mehrdeutigkeiten

Auch wer immer um den heißen Brei herumredet kann sich den Mund verbrennen. (1)

„Herr Doktor meine Frau behauptet immer ich sei eine Uhr." – „Ach was die will Sie doch nur aufziehen." (3)

Hier mußt du dich schnell entscheiden, ob an der vorgegebenen Stelle ein Komma zu setzen ist oder nicht (Zeit: 2 Min.).
Beispiel: Ich glaube ( ) daß der Sommer dieses Jahr ( ) schön werden wird.
Lösung: Ich glaube (,) daß der Sommer dieses Jahr schön werden wird.

1. Für eine baldige Zusage ( ) wäre ich Ihnen sehr verbunden.
2. Aus diesem Grund sind gerade deshalb Pinguine geeignete Testobjekte für das Studium von Ausmaß ( ) Dauer und Bedingungen der Kältegewöhnung.
3. In der Bundesregierung hält sich leider niemand ( ) nicht einmal der ( ) Bundeskanzler ( ) für kompetent ( ) um eine derartige Prognose zu wagen.
4. Seine einzige Unterstützung bestand in dem Funkgerät ( ) falls dies überhaupt funktionieren würde.
5. Am Aktienmarkt überwogen die Gewinne ( ) was namentlich für die Autopapiere und Chemiewerte galt.
6. Bei Vertragsabschluß ist es am besten ( ) alle gewünschten Zusätze schriftlich sich bestätigen zu lassen.
7. Die unmittelbare Nähe des Meeres ( ) garantierte immer eine frische Brise ( ) und versprach bei starker Hitze Kühlung.
8. In Zusammenhang mit den steigenden Produktionszahlen ( ) können auch die inländischen Unternehmen ( ) allen voran unsere Firma ( ) größere Aufträge verbuchen.
9. Wir hoffen ( ) mit diesem Buch sehr ( ) ein deutlicheres Bewußtsein für die Lage der Auszubildenden geschaffen zu haben.
10. Wir hoffen sehr ( ) nun allseits ( ) Unterstützung zu finden.

Wozu Grammatik?

Grammatische Fähigkeiten und Kenntnisse sind notwendig. Sie helfen dir, deine Note im Fach Deutsch zu verbessern. Dies verdeutlicht das folgende kleine Gedicht:

Grammatik

Aktiv? Passiv? Konjunktiv?
Adverb oder Adjektiv?
Hilfe für dein Schülerleben
kann dir die Grammatik geben.

Substantive schreibt man groß.
Doch wie erkenne ich sie bloß?
Um schnell die Wortart zu bestimmen,
mußt du dich in Grammatik trimmen.

Beim Schreiben muß man Zeichen setzen.
Komma, Punkt – an welchen Plätzen?
Dafür ist Grammatik wichtig.
Ein Grammatikus macht's richtig!

Teste dich selbst, ob du mit Grammatik etwas anfangen kannst:

a) Mit Hilfe grammatischer Kenntnisse gelingt es dir zum Beispiel besser, Unstimmigkeiten in Texten (zum Beispiel Stilblüten) zu erkennen und selbst zu vermeiden.

1 Was ist jeweils falsch? Formuliere um.

Außer Atem auf dem Bahnhof angekommen, fuhr der Zug gerade ab.
Von einem Nagel aufgeschlitzt, wechselt Sonja den Vorderreifen aus.
Kindermädchen für zweijähriges Kind gesucht, das auch nähen, bügeln und kochen kann.
Gutaussehende, dreistöckige Hausbesitzerin sucht seriösen Herrn zwecks Heirat.

b) Kenntnisse in der Grammatik helfen dir bei der Rechtschreibung. Zum Beispiel kannst du aufgrund der Kenntnis von Wortarten unterscheiden, ob ein Wort groß oder klein geschrieben werden muß.

2 Übertrage in die richtige Schreibweise.

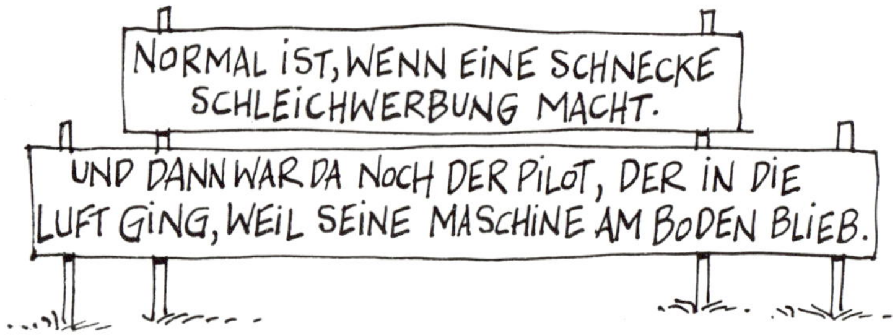

3 Unterscheide: das (Artikel, Demonstrativpronomen, Relativpronomen) und daß (Konjunktion). Setze richtig ein.

Da___ weiß ich nicht. Da___ Pferd lahmt am rechten Vorderfuß.

Da___ Buch, da___ ich ausgeliehen haben, gefällt mir. Ich

glaube, da___ sie ihm hilft.

c) Deine Kenntnisse in Grammatik helfen dir bei der Zeichensetzung.

4 Unterscheide zwischen Hauptsatz und Gliedsatz/Nebensatz, und setze die fehlenden Kommas richtig ein:

Der Ausflug auf den sich alle gefreut hatten mußte ausfallen weil es so stark geregnet hatte daß einige Wege nicht mehr passierbar waren.

d) Wenn du dich in Grammatik auskennst, kannst du deine Aufsätze verbessern.
Zum Beispiel könntest du beim Schreiben oder Überarbeiten deiner Texte die Satzproben einsetzen:

- Umstellprobe
- Ersatzprobe
- Abstreichprobe
- Erweiterungsprobe
- Umformungsprobe

5 Führe bei den folgenden Beispielen die jeweilige Probe durch.

Umstellprobe: Satzglieder umstellen. In diesem Satz soll besonders betont werden, daß Karin und Peter eingeladen sind (und nicht Jens und Tina).

Heute	sind	zu einer Party	Karin und Peter	eingeladen	.

Ersatzprobe: Ein Satzglied wird durch einen anderen Ausdruck ersetzt, z. B. durch ein Personalpronomen.

Karin und Peter	treffen dort ihren guten Bekannten wieder.

Abstreichprobe: In einem Satz werden nicht notwendige Angaben gestrichen, um den Satz auf die wesentlichen Informationen zu verkürzen.

Kirsten, Karins freundliche, nette Banknachbarin, will ihr gerade heute abend unbedingt den neuen Schritt beim Rock'n' Roll zeigen, den sie gestern in der Tanzstunde für Jugendliche gelernt hat.

Erweiterungsprobe: Der Satz wird um weitere Angaben erweitert, um die Aussage genauer zu machen.

Das Mädchen tanzt.

Umformungsprobe: Der Satz wird umgeformt, zum Beispiel vom Aktiv ins Passiv, um damit zu zeigen, daß der Vorgang im Vordergrund steht und nicht mehr der Handelnde, das Subjekt.

Nach der Party fährt die Mutter der Gastgeberin Karin und Peter nach Hause.

Anhang

Übersicht über flektierbare und nicht flektierbare Wortarten

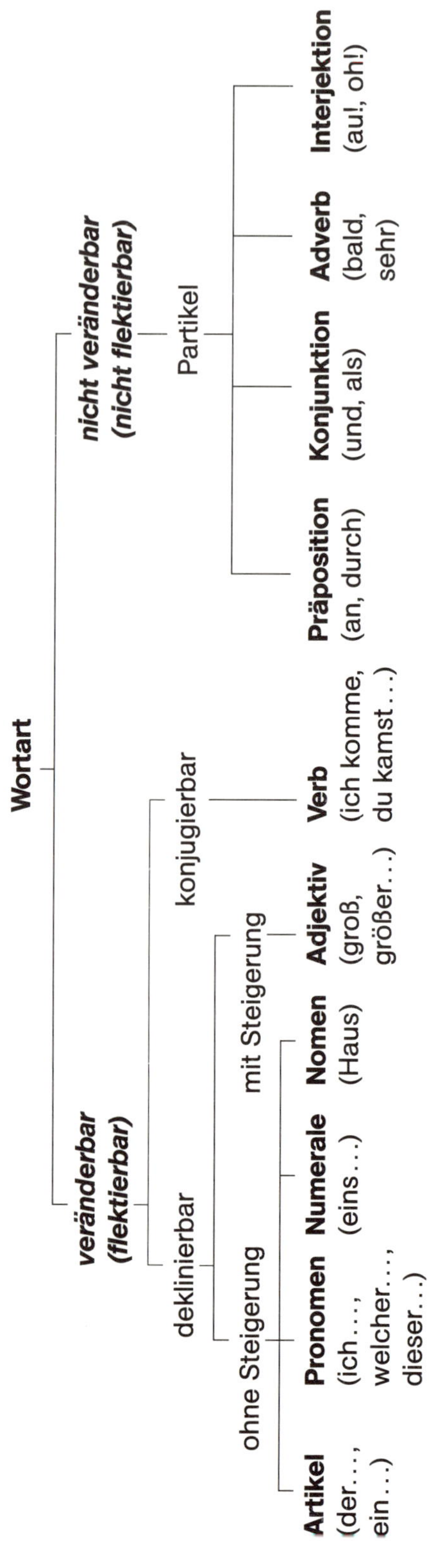

Satzglieder und ihre Rollen im Satz

Die Satzglieder spielen im Satz jeweils eine bestimmte Rolle: Subjekt, Prädikat, Objekt, adverbiale Bestimmung. Jedes Satzglied, außer das verbale Satzglied Prädikat, kann durch ein Attribut näher bestimmt werden.

Subjekt	**Prädikat**	**Prädikativ**	**Objekt**	**adverbiale Bestimmung**
Nominativ: wer? was?	(Verb-Satzglied) was tut? was geschieht? was ist?	(Ergänzung zu den Verben: sein, bleiben, werden, heißen)	Genitiv: wessen? Dativ: wem? Akkusativ: wen? was?	Zeit: wann? Ort: wo? Art und Weise: wie? Grund: warum? Zweck: wozu? Mittel: womit?
↑ **Attribut**		↑ **Attribut**	↑ **Attribut**	↑ **Attribut**

Beispiele:

Felix	ist	ein **kluger** Fuchs.			
Der **aufmerksame** Autofahrer	bemerkt		das **spielende** Kind		in der Einfahrt.
Sie	schenkt		ihm	ein Buch.	

Wortarten, Satzglieder und Satzarten im Zusammenhang

Satz	Der	Junge	schenkt	heute	seiner	kleinen	Schwester	ein	buntes	Bilderbuch,
Wortarten	best. Artikel	Nomen / Substantiv	Verb	Adverb	Possessivpronomen	Adjektiv	Nomen	unbestimmter Artikel	Adjektiv	Nomen
Satzglieder und ihre Aufgabe im Satz	Subjekt		Prädikat	Adverbiale Bestimmung	Dativobjekt			Akkusativobjekt		
						Attribut			Attribut	
Satzart	Hauptsatz									

Satz	weil	sie	dieses	Buch	sehr	mag.
Wortarten	Konjunktion	Personalpronomen	Demonstrativpronomen	Nomen	Adverb	Verb
Satzglieder	(verknüpft die Sätze)	Subjekt	Akkusativobjekt		Adverbiale Bestimmung	Prädikat
Satzart	Gliedsatz (Nebensatz)					

Grammatische Begriffe

Lateinisch	– Deutsch
Adjektiv	– Eigenschaftswort / Wiewort
Adverb	– Umstandswort
adverbiale Bestimmung	– Umstandsbestimmung
Akkusativ	– 4. Fall
Akkusativobjekt	– Ergänzung im 4. Fall
Aktiv	– Tatform
Anredepronomen	– Anredefürwort
Artikel	– Begleiter / Geschlechtswort
Attribut	– Beifügung
Dativ	– 3. Fall
Dativobjekt	– Ergänzung im 3. Fall
Deklination	– Beugung von Nomen
Flexion	– Beugung
Futur	– Zukunft
Genitiv	– 2. Fall
Genitivobjekt	– Ergänzung im 2. Fall
Genus	– grammatisches Geschlecht
Imperativ	– Befehlsform
Imperfekt → Präteritum	– Vergangenheit
Indefinitpronomen	– unbestimmtes Fürwort
Indikativ	– Wirklichkeitsform
Infinitiv	– Grundform
Interjektion	– Ausrufewort/Empfindungswort
Interrogativpronomen	– Fragefürwort
Kasus → Nominativ → Genitiv → Dativ → Akkusativ	– Fall
Komparativ	– Vergleichsstufe
Konjugation	– Beugung von Verben
Konjunktion	– Bindewort
Konjunktiv I	– Möglichkeitsform
Konjunktiv II	– Nichtwirklichkeitsform (Form des Nicht-Möglichen)

Modus des Verbs	– Aussageweise des Verbs
Nomen	– Namenwort
→ Substantiv	
Nominativ	– 1. Fall
Numeral	– Zahlwort
Numerus	– Anzahlform (Singular und Plural)
Objekt	– Ergänzung
Partikel	– (wörtlich: kleine Teilchen) Fügewörter; das sind die kleinen Wörter, die nicht gebeugt werden: Verhältniswort, Bindewort, Umstandswort
Passiv	– Leideform
Perfekt	– vollendete Gegenwart
Personalpronomen	– persönliches Fürwort
Plural	– Mehrzahl
Plusquamperfekt	– Vorvergangenheit, vollendete Vergangenheit
Positiv	– Grundstufe
Possessivpronomen	– besitzanzeigendes Fürwort
Prädikat	– Satzaussage
Prädikativ	– Ergänzung zu den Verben sein, werden, bleiben, heißen Prädikativ als Nomen Prädikativ als Adjektiv Prädikativ als Adverb
Präposition	– Verhältniswort/Fügewort
Präsens	– Gegenwart
Präteritum	– Vergangenheit
→ Imperfekt	
Pronomen	– Fürwort
Relativpronomen	– rückbezügliches Fürwort
Singular	– Einzahl
Subjekt	– Satzgegenstand
Substantiv	– Hauptwort/Namenwort
→ Nomen	
Superlativ	– Höchststufe
Tempusform	– Zeitform
Verb	– Tätigkeitswort/Tuwort/Zeitwort

Deutsch – Lateinisch

Deutsch	Lateinisch
Anredefürwort	– Anredepronomen
Anzahlform	– Numerus (Singular und Plural)
Ausrufewort	– Interjektion
Aussageweise des Verbs	– Modus des Verbs
Befehlsform	– Imperativ
Begleiter → Geschlechtswort	– Artikel
Beifügung	– Attribut
Beugung	– Flexion/Deklination/Konjugation
Besitzanzeigendes Fürwort	– Possessivpronomen
Bindewort	– Konjunktion
Eigenschaftswort → Wiewort	– Adjektiv
Einzahl	– Singular
Empfindungswort → Ausrufewort	– Interjektion
Ergänzung	– Objekt
Ergänzung im 2. Fall	– Genitivobjekt
Ergänzung im 3. Fall	– Dativobjekt
Ergänzung im 4. Fall	– Akkusativobjekt
Fall	– Kasus
→ 1. Fall	– Nominativ
→ 2. Fall	– Genitiv
→ 3. Fall	– Dativ
→ 4. Fall	– Akkusativ
Fragefürwort	– Interrogativpronomen
Fügewörter	– Partikel
Fürwort	– Pronomen
Gegenwart	– Präsens
Geschlechtswort → Begleiter	– Artikel
Grammatisches Geschlecht	– Genus
Grundform	– Infinitiv
Grundstufe	– Positiv
Hauptwort → Namenwort	– Nomen/Substantiv
Hinweisendes Fürwort	– Demonstrativpronomen
Höchststufe	– Superlativ
Leideform	– Passiv
Mehrzahl	– Plural

Möglichkeitsform	– Konjunktiv I
Namenwort	– Nomen/Substantiv
→ Hauptwort	
Nichtwirklichkeitsform	– Konjunktiv II
Persönliches Fürwort	– Personalpronomen
Rückbezügliches Fürwort	– Relativpronomen
Satzaussage	– Prädikat
Satzergänzung	– Objekt
Satzgegenstand	– Subjekt
Stellvertreter	– Pronomen
Tatform	– Aktiv
Tätigkeitswort	– Verb
→ Tuwort	
→ Zeitwort	
Tuwort	– Verb
→ Tätigkeitswort	
→ Zeitwort	
Umstandsbestimmung	– adverbiale Bestimmung
Umstandswort	– Adverb
Unbestimmtes Fürwort	– Indefinitpronomen
Vergangenheit	– Präteritum (Imperfekt)
Vergleichsstufe	– Komparativ
Verhältniswort	– Präposition
Vollendete Gegenwart	– Perfekt
Vollendete Vergangenheit	– Plusquamperfekt
→ Vorvergangenheit	
Vorvergangenheit	– Plusquamperfekt
Wiewort	– Adjektiv
→ Eigenschaftswort	
Wirklichkeitsform	– Indikativ
Zahlwort	– Numeral
Zeitform	– Tempusform
Zeitwort	– Verb
→ Tätigkeitswort	
→ Tuwort	
Zukunft	– Futur

Stichwortverzeichnis

Lösungsheft

Besser in Deutsch Grammatik 7.–10. Schuljahr

von Peter Kohrs

Cornelsen
SCRIPTOR

Was du bisher gelernt hast

1. Zu den Wortarten

Aufgabe 1:
Nomen: Baum, Festessen, Feuer, Freundschaft, Haus, Hoffnung, Riese
Verb: anfeuern, freuen, hoffen, kam, läuft
Adjektiv: dünn, freundlich, riesig
unbestimmter Artikel: ein, eines
bestimmter Artikel: das, dem, des

Aufgabe 2:
Nomen: der Schreckliche, der Hügel, die Weisheit, die Wikinger, das Wissen, die Generation, der Daddy, der Vater, der Hügel, die Mitternacht, der Tip, der Fehler, der Vater, der Rat, die Kinder, die Erfahrung, das Mal, die Hand, der Gott, die Strafe, der Holzkeil, die Pantoffeln

Verbformen: weitergeben, wolltest ... sprechen, fasse mich, hat ... reserviert, wollte ... geben, machst, gemacht ... hat, lautet, schlage, mußte ... machen, habe ... geschlagen und ... gebrochen, war, könnte ... gewesen sein, gesteckt habe

Adjektive: kurz, gleichen, alter, guter, schmerzliche

Wenn andere Wortarten zu Nomen werden

Aufgabe 3:
(e) alles Gute
(d) beim Springen
(a) Rauchen
(c) ein dauerndes Kommen und Gehen
(a) an das Morgen
(e) wenig Neues
(b/c) ihr verspätetes Kommen

Aufgabe 4:
Beispiele:

Die Vorschläge werden sorgfältig geprüft.
Man muß die wilden Müllkippen beseitigen.
Gestern führte die Theater-AG in der Aula ein Theaterstück auf.
Man muß dazu den Rat der Fachleute hören.
Die Aufgaben werden nicht noch einmal überprüft.
Haustiere auszusetzen ist strafbar.
Als die Feier begann, stellte der Schulleiter den anwesenden Schülern die Mitwirkenden vor.

Aufgabe 5:
das Anlegen, die Einstellung, eine Förderung

Aufgabe 6:
Folgende Verbformen sind falsch gebeugt (die richtigen Formen stehen in Klammern):
gehte (ging), bringte (brachte), ansehte (ansah), sprechte (sprach), gebte (gab), scheinte (schien), rinnte (rann), beginnte (begann), sitzt' (saß), schreibte (schrieb), leste (las), machtete (machte), werdete (wurde)
Adjektive: schlechter, falsche, fröhlich, eifrig, schlimmer

Aufgabe 7:
ich fasse – gegenwärtig (Präsens)
hat ... reserviert – vergangen (Perfekt)
wollte ... geben – vergangen (Imperfekt)
du machst – zukünftig (Präsens)
gemacht hat – vergangen (Perfekt)
lautet – gegenwärtig (Präsens)
mußte machen – vergangen (Präteritum)
habe geschlagen und gebrochen – vergangen (Perfekt)
war – vergangen (Präteritum)

Aufgabe 8:
hat – hatte/ist – war/hat – hatte/ist – war/tut – tat/muß – mußte/springt – sprang/trägt – trug/ist – war/bückt – bückte/will – wollte/springt – sprang/fällt – fiel/weint – weinte/läuft – lief/erzählt – erzählte

Aufgabe 9:
Reihenfolge der einzusetzenden Verbformen: radelte, hatten, trafen, wollte, hatte verirrt, brachten

Aufgabe 10:
Verbformen im Präsens: hat, kümmern, soll
Verbformen im Perfekt: verirrt, erholt hat
Verbformen im Plusquamperfekt: war gelungen, niedergelassen hatte

Artikel und Pronomen

Aufgabe 11:
Angst um die Haarpracht
Langhaarige Frauen bangen in der zweitgrößten brasilianischen Stadt um ihre Haarpracht. Straßendiebe schneiden diesen Frauen blitzschnell die Haare ab.
Grund für diese Gewaltaktionen: Friseure zahlen für einen „Pferdeschwanz" bis zu 100 Mark.
Die Polizei empfiehlt den Frauen, ihre Haare zum Knoten zu binden oder sie unter ihrem Kopftuch oder Hut zu verstecken.

Aufgabe 12:
Das Fell des Hundes glänzt.
In diesen Häusern müßte einiges renoviert werden.
Gestern sah ich Simone und Kurt zusammen im Kino.
Sie schenkte dem kleinen Jungen einen roten Lutscher.

Die Partikel

Aufgabe 13:
Geschichte von Herrn M. *(Helmut Glatz)*

„Ist Ihnen nicht gut?" erkundigt sich ein Spaziergänger bei Herrn M., der sich krampfhaft an einem kleinen Baum im Park festklammert.
„Was heißt gut?" fährt ihn Herr M. an. „Haben Sie noch nicht gehört, daß die Erde mit einer Geschwindigkeit von 30 Kilometern in der Sekunde durch das Weltall rast?"

2. Zum Satz

Aufgabe 14:
Der listige Lernfuchs Felix Fuchs | kennt

alle raffinierten Tricks.

Alle raffinierten Tricks | kennt

der listige Lernfuchs Felix Fuchs.

Kennt | der listige Lernfuchs Felix Fuchs

alle raffinierten Tricks?

Aufgabe 15:
Wegen Regen fällt der Wandertag aus.
Wenn das Spiel zu Ende ist, verlassen . . .
Sowie das Spiel zu Ende ist, . . .
Als das Spiel zu Ende ist, . . .
Nachdem das Spiel zu Ende ist, . . .
Als der Abend kam, kehrten sie zurück.
Weil es ein schweres Gewitter gab, fiel der Sender aus.

Ich warte darauf, daß du kommst.
Daß du hilfst, finde ich großartig.

Aufgabe 16:
Die Klasse 8 a | besucht . . .

Sie | besucht . . .

Ein Mann | füttert . . .

Er | füttert . . .

Aufgabe 17:
.. den Schülern (DO)/die Zusammenhänge (AO) ..
.. intensiver Pflege (GO) ..
.. auf die Fütterung (PO) ..
.. den Seehunden (DO)/Fische (AO) ..
Der Leiter der Aufzuchtstation erklärt es allen Schülerinnen und Schülern (oder der Klasse). Die jungen Seehunde bedürfen äußerst sorgfältiger Fürsorge. Die Schüler warten auf das Erscheinen des Tierpflegers. Der Pfleger wirft sie ihnen zu.

Die adverbiale Bestimmung

Aufgabe 18:
Pech gehabt
Ein Drängler ist in München auf der Autobahn an den Falschen geraten.
Der Fahrer bedrängte in unverantwortlicher Weise ein vorausfahrendes Auto. Bereitwillig machte der bedrängte Wagen Platz.
Die Insassen gaben sich aber bald als Zivilstreife zu erkennen.

Es erwies sich bei der Kontrolle, daß der Drängler betrunken war. Den Führerschein konnten die Beamten diesmal nicht kassieren. Das hatten ihre Kollegen schon Wochen vorher getan.

Bedeutung der adverbialen Bestimmungen:
Zeit und Zeitdauer: bald, bei der Kontrolle, diesmal, schon Wochen vorher

Art und Weise: in unverantwortlicher Weise, bereitwillig

Ort und Richtung: in München, auf der Autobahn

Aufgabe 19:
Während sie las, kam ihr ...
Nach der Stunde atmeten alle ...

Das Attribut

Aufgabe 20:
Einmal zu unterstreichen (Attribute) sind: schöne Tulpen; der bunte Blumen im Blumenbeet sehr liebt; der hübschen Tulpen; der Blumen; überraschten; wütenden; kleine; brave; mit den Schlappohren.

Zweimal zu unterstreichen (Attribut in einem Attribut) sind:
schöne; bunte; hübschen.

Arten von Attributen:
Adjektiv: schöne, bunte, hübschen, überraschten, wütenden, kleine, brave
Genitiv: der hübschen Tulpen, der Blumen
Apposition: schöne Tulpen
Präposition und Nomen: mit den Schlappohren
Relativsatz: der bunte Blumen im Blumenbeet sehr liebt

Bezugswort: Blumen; Herr Kaiser/Verlust; Verlust/Dackel/Drohgebärden; Dackel

Aufgabe 21:
Beispiel:

Der wutentbrannte Blumenfreund stürmt ins nahe Haus.
Er sieht die Blumen aus seinem Beet in der Vase seiner Frau.
Der überraschte Mann erkennt den wahren Übeltäter.

Der Dackel, der zutiefst beleidigt ist, hat sich auf seinen Lieblingsplatz zurückgezogen.

Herr Kaiser, der seinen ungerechtfertigten Wutanfall bereut hat, schenkt dem kleinen Dackel eine dicke Wurst.

Das Prädikativ

Aufgabe 22:
Folgende Prädikative sind zu unterscheiden: Inge, ein kluges Mädchen, Apotheker, spannend, ein ausgezeichneter Fußballspieler, hier.

Modus (Aussageweise) des Verbs: Indikativ, Konjunktiv, Imperativ

Aufgabe 1:
Peter leiht ... (a)
Leih mir dein Heft! / Hilf du mir ...! (d)
Anja sagt, Peter leihe ... (b)
Anja sagt, Peter liehe ... (c)

1. Indikativ und Konjunktiv

Aufgabe 2:
er würde kommen
er würde geben
sie würde nehmen
sie würde essen
sie würden gebrauchen

Aufgabe 3:
Er teilte ihm mit, sein Zug laufe morgen um 17.35 ein.

Er meinte, dies sei nichts für ihn.
Sonja erzählt ihrer Freundin, Petra wolle verreisen.
Sie ist heute nicht da.
Wenn ich doch schon in Griechenland wäre!
Er stellt sich vor, er hätte im Lotto gewonnen.

Die beiden Mädchen laufen um die Wette.
„Ob er morgen komme, wisse er noch nicht“,
meinte Katja.
Heute kommt Anjas Freund zu Besuch.

Indikativ	Konjunktiv I	Konjunktiv II
teilte ... mit	laufe ... ein	wäre
meinte	sei	hätte
erzählt	wolle	
ist	komme	
stellt sich ... vor	wisse	
laufen		
meinte		
kommt		

Aufgabe 4:
Wer meint, er irre nie, der irrt.

Aufgabe 5:

Indikativ (Präsens)	Konjunktiv I (Präsens)
er kann	er könne
sie ist	sie sei
er geht	er gehe
sie kommt	sie komme
er ißt	er esse
er hat Zeit	er habe Zeit

Aufgabe 6:
Beispiel:
Eierpfannkuchen
Zuerst bereite man den Teig zu. Dann gebe man Mehl, aufgeschlagene Eier, Milch und Salz in eine Rührschüssel und rühre alles mit dem Handrührgerät einige Minuten lang auf Stufe 3.

Danach gebe man einen Teelöffel Margarine in die Pfanne, stelle die Herdplatte auf Stufe 2 und warte, bis das Fett geschmolzen ist. Mit einer Schöpfkelle gieße man so viel Teig in die Pfanne, daß der Boden bedeckt ist. Man warte ein bis zwei Minuten, bis der Eierpfannkuchen an der Unterseite fest ist, dann rüttle man die Pfanne leicht hin und her, damit sich der Pfannkuchen vom Boden löst.

2. Konjunktiv und indirekte Rede

Aufgabe 7:
Anja hört, wie Peter mit Karin spricht.
„Ich kann morgen nicht pünktlich ... Ich muß nämlich vorher ... Ich bin dann aber gegen ... Jean wird dann ... Du hast doch nichts ...“
Dies berichtet Anja ihrer Freundin Laura.
„Peter hat ... gesagt, er könne morgen ... Er müsse nämlich ... Er sei dann aber ... Jean werde dann ... Sie habe doch wohl ...“

Aufgabe 8:
Unterstrichen werden (in dieser Reihenfolge): fahre, wolle, seien, könnten, sei.
Die Verbformen ändern sich bei der direkten Mitteilung in: fährt, will, sind, können, ist.

Aufgabe 9:
In den einzelnen Spalten wird ergänzt:

Konjunktiv I: er laufe, er rufe, er sei gerufen worden, sie sei gelobt worden

Konjunktiv II: sie liefen, sie kämen, sie äßen, sie merkten, sie hätten gegessen
Umschreibung mit „würde“: sie würden laufen, sie würden kommen, sie würden essen, sie würden merken

Aufgabe 10:
Er sagte, er könne ...
Die Schülerinnen behaupteten, sie könnten das ...
Der Deutschlehrer meinte, bis morgen habe er ...
Ute erzählte ..., sie würde ihren Tanzpartner ... finden.
Kirsten und Lara glaubten, sie seien in Mathe ...
Sie versprachen, sie würden morgen pünktlich kommen.
Die beiden erzählten, sie hätten ...

Aufgabe 11:
Pia sagt, sie und Laura wollten beim Zeitungsprojekt mitarbeiten.
Kirsten sagt, sie und Thomas würden die Einladung entwerfen.
Simon meint, er und Michael kümmerten sich um die Fotos und Bilder.
Frau Schlingmann bemerkt, der Großteil der Klasse könne an einzelnen Zeitungsartikeln arbeiten.

Aufgabe 12:
Verbformen im Indikativ:
griffen, ist ... angefallen (und) verletzt worden, wollte ... säubern, anfielen, hat ... übersehen, war, wurde ... gebracht

Indirekte, abhängige Rede:
Die Polizei berichtet, ein Tierpfleger ... sei ... angefallen und lebensgefährlich verletzt worden.
Der 24 Jahre ... habe den Auslaufkäfig der Tiger säubern wollen, als ihn die Tiere plötzlich angefallen hätten.
Der angetrunkene Mann habe offenbar übersehen, daß eine Verbindungstür ... nicht geschlossen gewesen sei.
Er sei ... ins Krankenhaus gebracht worden.

Aufgabe 13:
... und da habe er im Käfig einen Affen gesehen, der sei genauso groß wie er gewesen. Da habe er aber nicht richtig hingeguckt, antwortete Martins Vater, so große Affen wie ihn gebe es doch gar nicht.

... es sei immer wieder komisch, meint die eine, im Sommer, wenn es heiß sei, würden sie im Pelzmantel sitzen, und im Winter, wenn es knalle vor Frost, tummelten sie sich im Bikini.

Aufgabe 14:
Die eine sagt zur anderen, den wollten sie sich jetzt braten, die andere solle ihn bewachen, und sie selbst suche inzwischen Feuerholz.

Als sie nach einiger Zeit zurückkommt, steht die andere Maus da und heult. Der Elefant sei ihr weggelaufen.
Sie solle doch nicht lügen, zischte die Holzsammlerin, sie kaue ja jetzt noch.

Test:
Formen der indirekten Rede:
essen wolle, brauche (er nichts) ... mitzuschleppen, solle ... geben, essen wolle, verliere, könne gehen, könne, rede, machen solle, erlebt habe, gehen würden, gehöre

Aufgabe 15:
Zu ihr würde am besten ein Stier passen, bemerkte die Kuh, nachdem sie ihr Horoskop gelesen hatte.

Aufgabe 16:
a) Miriam sagt, daß Hanno behauptet hat, morgen sei schulfrei. (Konjunktiv I)

b) Miriam sagt, daß Hanno behauptet hat, morgen wäre schulfrei. (Konjunktiv II)

3. Konjunktiv II als Ausdruck der Nichtwirklichkeit

Aufgabe 17:
Es könnte sein!
Wenn die anderen so wären, wie ich sein sollte, wäre alles in Ordnung!
Wenn ich doch im Lotto gewonnen hätte!
Wenn das Wörtchen ‚wenn' nicht wäre!
Wir täten es ja, wenn wir nur dürften!
Wenn es doch klappte!
Wenn ich es wüßte, würde ich es dir sagen.
Wenn Wünsche Kinder kriegen könnten ...

Aufgabe 18:

Indikativ	Konjunktiv II	Konjunktiv II (Umschreibung)
sie tat	sie täte	sie würde tun
er kam	er käme	er würde kommen
sie hatte	sie hätte	sie würde haben
wir laufen	wir liefen	wir würden laufen

Aufgabe 19:
ich habe gehabt – ich hätte gehabt
ich bin – ich wäre
ich kann – ich könnte
sie haben besucht – sie hätten besucht
sie sind hingefallen – sie wären hingefallen
er ist gekommen – er wäre gekommen

Aufgabe 20:
Was wäre wenn ...? *(Wilhelm Busch)*

Wenn alles sitzen bliebe,
Was wir in Haß und Liebe
So voneinander schwatzen;
Wenn Lügen Haare wären,
Wir wären rauh wie Bären
Und hätten keine Glatzen.

„Wenn du drei Autos hättest, würdest du mir eines davon schenken?"
„Na klar!"

„Wenn du drei Hunde hättest, würdest du mir einen davon geben?“
„Nein!“
„Warum nicht?“
„Weil ich drei Hunde habe!“

Gullivers Lied *(Peter T. Schulz)*

Wär ich doch reich
und brauchte nicht viel,
liebte mich doch,
die mir gerade gefiel!

Wär ich doch weltberühmt
und unbekannt,
irrte ich doch umher
auf meinem Land!

Wär ich doch froh
und müßte nicht lachen,
wär ich doch mächtig
und ließ andere machen!

Wüßt ich doch alles
und dächte nicht dran,
hätt ich doch alles
schon einmal getan!

Wär ich doch kerngesund
mit einer Narbe,
wäre doch alles hell
und ich in Farbe!

Zufall *(Martin Auer)*

Wenn statt mir jemand anderer
auf die Welt gekommen wär'.
Vielleicht meine Schwester
oder mein Bruder
oder irgendein fremdes blödes Luder –
wie wär' die Welt dann,
ohne mich?
Und wo wäre denn dann ich?
Und würd' mich irgendwer vermissen?
Es tät ja keiner von mir wissen.
Statt mir wäre hier ein ganz anderes Kind,
würde bei meinen Eltern leben
und hätte mein ganzes Spielzeug im Spind.
Ja, sie hätten ihm sogar meinen Namen gegeben!

(Christine Nöstlinger)

Vielleicht wäre ich am Samstag ins Bad gegangen, hätte dort einen irre tollen Knaben kennengelernt und wäre derart in Liebe zu ihm verfallen, daß ich für den KOKU weder ein Auge noch ein Ohr frei gehabt hätte! Oder ich wäre auf den Sportplatz gegangen, hätte versucht, mein Kurzstreckentalent aufleben zu lassen, wäre ausgerutscht und hingefallen, hätte mir ein Bein gebrochen, einen Beingips bekommen und für sechs Wochen tatenlos im Bett liegen müssen! Und der KOKU hätte sich in dieser Zeit jemand anderen gesucht, der ihm passend für sein Vorhaben erschienen wäre. Das Leben besteht schließlich in der Hauptsache aus sonderbaren Zufällen!

Test:
Beispiele:

Gleitbahnen würden das Land durchziehen. Sie ersetzten die Straße. Tunnelsysteme würden unter der Erde liegen. Die Menschen würden per Fernsehtelefon sprechen. Elektromobile könnten vollautomatisch gesteuert werden. Jede zweite Familie würde einen kleinen Hubschrauber besitzen.

Ich würde den lieben langen Tag faulenzen. Irgendwann baute ich mir eine Hütte. Ich streifte in der Gegend herum, um mir alles genau anzusehen. Dann würde ich mich um mein Essen kümmern. Zunächst mal lebte ich von Bananen. Ich wäre natürlich auch ein bißchen traurig, daß ich so ganz allein wäre. Dann aber würde ich Spuren im Sand sehen. Ich würde aufschauen. Und da ständen plötzlich meine besten Freundinnen und Freunde vor mir. Und dann würde ich aufwachen, und alles wäre nur ein Traum gewesen.

Verteidigung des Konjunktivs:

Der Verfasser ist für die Beibehaltung des Konjunktivs.

Der Konjunktiv sei unbedingt notwendig, um zum Beispiel Wünsche auszudrücken. Eine Sprache ohne Konjunktiv nennt er daher „Sprache ohne Flügel", Menschen, die den Konjunktiv abschaffen wollen, „Umfunktionierer".

4. Imperativ (Befehlsform)

Aufgabe 21:
Folgende Verbformen sind zu unterstreichen: Nimm . . ./Holt . . ./Paßt auf . . ./Stellt . . . auf/Haltet . . . fest/Hilf . . .

Aufgabe 22:

finite Form	
Singular	Plural
lauf!	lauft!
spring!	springt!
paß auf!	paßt auf!
hole!	holt!
wirf!	werft!
nimm!	nehmt!
iß!	eßt!
gib!	gebt!

Abstufungen von Aufforderungen können sein:

Bleib hier! Bitte, bleib hier! Du sollst hierbleiben! Bleib! Würdest du bitte hierbleiben! Nun bleib schon! Du bleibst! . . .

Aufgabe 23:
Hau ab! (a)
Komm, geh mit! (a)
Hier zieht es. Das Fenster ist offen. (b)
Stillgestanden! (a)
Gib mir das Buch rüber! (a)
Würden Sie mir wohl mal helfen? (b)
Da sind noch einige Fehler zu korrigieren. (b)
Hast du das Aquarium schon sauber gemacht? (b)

Test:
Papierführung am automatischen Drucker
Setzen Sie die Papierführung auf den Drucker auf. Klappen Sie die Papierführung auf, bis sie einrastet.
Setzen Sie jetzt die Druckerabdeckung wieder auf, und passen Sie den unteren Haken der Abdeckung in die Kerben an der Vorderseite des Druckers ein.
Bringen Sie die Abdeckung in ihre endgültige Position, und schließen Sie die Abdeckung der Papierzuführung.

Modalverben: Was man kann, darf, muß, will . . .

Aufgabe 1:
Christina: Ich fahre heute auf den Haxterberg zum Skifahren.
Jochen: Kannst du das denn überhaupt?
Christina: Und ob ich das kann, schon seit geraumer Zeit! Und heute kann ich, weil ich Zeit habe.
Jochen: Darfst du denn heute? Wir sollten doch für die Mathearbeit üben, die ist doch morgen dran.
Christina: Ich will aber gerade heute. Ist doch prima Neuschnee da.
Jochen: Morgen möchte ich vielleicht auch.
Christina: Wer weiß, was morgen ist. Ich will einfach heute los!

Aufgabe 2:
a) müssen
sollen
dürfen
können
wollen
mögen
b) Selbstbestimmung: können, wollen, mögen
Fremdbestimmung: müssen, sollen, dürfen

Aufgabe 3:
. . . weil ihre Mutter es nicht erlaubt hat (darf)
. . . weil Karin nicht will, daß sie mitfährt (soll)
. . . weil ihr Fahrrad einen Platten hat (kann)
. . . weil niemand sie dazu zwingt (muß)
. . . weil sie lieber auf den Sportplatz gehen will (will)

Aufgabe 4:
a) Er soll am Donnerstag . . . Lothar kann . . .
Heute abend darf die elfjährige . . . Susanne will . . .
. . ., aber er will (oder mag) nicht, . . .
b) Zwar möchte sie gerne . . ., ob sie darf.
. . ., ihren Vater, ob sie darf. Vater will aber erst . . .

„Du willst also zu einer Party? Aber du kannst doch noch ..."
„... niemand aus unserer Klasse kann ... Darf ich denn ...?"
„... aber du mußt um halb acht ... morgen mußt du wieder früh ..."
„Du, ich darf kommen."

Aufgabe 5:
Darf ich mal hinausgehen?
Du sollst jetzt herkommen!/Komm her!
Ihr dürft jetzt hereinkommen.
Darf ich mal mit dir tanzen?
Haut ja ab!/Ihr sollt abhauen!/Macht 'ne Mükke, aber dalli!

Aufgabe 6:
Vom Fischer und seiner Frau *(Brüder Grimm)*

[...] „Mann", sagte die Frau, „hast du heute nichts gefangen?" – „Nein", sagte der Mann, „ich fing einen Fisch, der sagte, er wäre ein verwünschter Prinz, da hab' ich ihn wieder schwimmen lassen." – „Hast du dir denn nichts gewünscht?" fragte die Frau. „Nein", sagte der Mann, „was sollt' ich mir wünschen?" – „Ach", sagte die Frau, „das ist doch schlimm, hier immer so im Topfe zu wohnen: Es ist eklig und stinkt. Du hättest uns doch eine kleine Hütte wünschen können. Geh' noch einmal hin und rufe ihn; sag' ihm, wir möchten gern eine kleine Hütte haben, er tut es gewiß." – „Ach", sagte der Mann, „was sollt' ich noch einmal hingehen?" – „Ei", sagte die Frau, „du hattest ihn doch gefangen und hast ihn wieder schwimmen lassen, er tut es gewiß. Geh' gleich hin." Der Mann wollte noch nicht recht, wollte aber seiner Frau nicht zuwider sein und ging hin an die See. – Als er dort ankam, war die See ganz grün und gelb und gar nicht mehr so klar. So stellte er sich hin und sagte:

„Manntje, Manntje, Timpe Te,
Buttje, Buttje in der See,
Meine Frau, die Ilsebill,
Will nicht so, wie ich gern will."

Da kam der Fisch angeschwommen und sagte: „Na, was will sie denn?" – „Ach", sagte der Mann, „ich hatte dich doch gefangen gehabt, und meine Frau sagt, ich hätte mir auch etwas wünschen sollen. Sie mag nicht mehr in einem Topfe wohnen, sie möchte gern eine Hütte haben." – „Geh' nur hin", sagte der Fisch, „sie hat sie schon." Da ging der Mann hin, und seine Frau saß nicht mehr in einem Topfe, aber eine kleine Hütte stand da, und seine Frau saß vor der Tür auf einer Bank. [...]

So ging das wohl acht oder vierzehn Tage, da sagte die Frau: „Höre, Mann, die Hütte ist doch gar zu eng, und der Hof und der Garten sind gar so klein; der Fisch hätte uns auch wohl ein größeres Haus schenken können. Ich möchte gern in einem großen steinernen Schlosse wohnen. Geh' hin zum Fisch, er soll uns ein Schloß schenken." – „Ach, Frau", sagte der Mann, „die Hütte ist ja gut genug, was wollen wir in einem Schlosse wohnen!" – „Ei was", sagte die Frau, „geh' du nur hin, der Fisch kann das tun." – „Nein, Frau", sagte der Mann, „der Fisch hat uns erst die Hütte gegeben, ich mag nun nicht schon wieder kommen, es möchte den Fisch verdrießen." – „Geh' nur", sagte die Frau, „er kann's recht gut und tut's gern; geh' du nur hin." Dem Mann war sein Herz so schwer, und er wollte nicht; er sagte bei sich selber: „Das ist nicht recht." [...]

Test:
Teamwork
Jeder macht, was er will.
Keiner macht, was er soll,
aber alle machen mit.

Nur Mut
Man kann alles,
was man will,
solange man nicht will,
was man nicht kann.

Aus großer Zeit *(Walter Kempowski)*

Kuchen ist ja schließlich nicht zum Sattessen da, und mittags, der Teller, der muß leergegessen werden.
„Linke Hand am Tellerrand!"
Und zwar völlig.
Wenn die Kinder absolut nicht mehr können und vor sich hin quosen, dann geschieht es allerdings, daß der Vater schließlich in strengem Ton sagt: „Du kannst wohl nicht mehr? Nein? Na, dann gib es mir", und es sich selbst hineinschaufelt.
Den Teller reinigt er zum Schluß mit dem

Messer, indem er ihn sehr systematisch dreht. Der ist hernach so rein, als ob er abgeleckt worden wäre.
„Ich kann nicht mehr", muß man sagen, auf keinen Fall darf man sagen: „Ich mag nicht mehr oder ich will nicht mehr."
„Mag nicht liegt auf dem Kirchhof, will nicht liegt daneben ...", heißt es dann.
Da gibt es kein Erbarmen. *Mögen* muß man, und zwar *alles.*

Barmherziger Samariter modern *(Helmut Zöpfl)*

Ich helfe
ich müßte helfen
man müßte helfen
man müßte darüber nachdenken, wie man helfen könnte
man müßte darüber diskutieren, wie man übers Helfen nachdenken könnte
man müßte eine Kommission bilden, in der man darüber diskutiert, wie man übers Helfen nachdenken könnte
man müßte einen Termin für eine Tagung finden, in der man berät, welche Leute in die Kommission hineinkommen sollen, in der man diskutiert, wie man übers Helfen nachdenken könnte

Die Überschrift ist sicher ironisch gemeint. Kritisiert werden soll die Einstellung von Menschen, die, statt in einer Notsituation gleich zu helfen, erst nachdenken, überlegen, Ausflüchte suchen und sich damit ihrer menschlichen Verpflichtung zu sofortiger Hilfe entziehen.

Handlungsarten des Verbs: Aktiv und Passiv

1. Ein Vorgang – unterschiedliche Perspektiven

Aufgabe 1:

b Er richtet die Aufmerksamkeit eher auf das Geschehen und weniger auf die Handelnden und Verursacher.

a Er richtet die Aufmerksamkeit eher auf die Tatsache, daß ein Handelnder etwas tut.

Aufgabe 2:

a) Nachdem die Zimmerleute die Latten genagelt haben, werden die Dachpfannen aufgedeckt.
Auf Wunsch decken die Dachdecker die Holzstreben mit Schieferplatten ab.
Die Schieferplatten passen zur Farbe der Dachpfannen.
Am Schluß werden die Wasserrinnen angefertigt.

b) Vierjährigen vergessen

Ein Vierjähriger, der Sonntag abend auf einem Autobahnrastplatz bei Duisburg aufs Töpfchen mußte, wurde von seinem eiligen Vater glatt vergessen. Der Mann, der mit drei Sprößlingen unterwegs nach Borken war, bemerkte erst etwa zehn Kilometer nach dem Stopp, daß nur zwei Kinder im Wagen saßen. Der Vierjährige, mutterseelenallein an der Autobahn stehend, war in der Zwischenzeit von einem Autofahrer bei der Polizei abgeliefert worden.

Aufgabe 3:

a) er wurde zerbrochen
b) ich werde gefunden
c) es ist zerstört worden
d) wir waren entdeckt worden
e) du bist gesehen worden

Aufgabe 4:

Elefanten haben in Südindien einen Tag lang den Verkehr auf einer Bahnlinie blockiert, nachdem der Zug auf dieser Strecke ein Elefantenbaby überfahren und getötet hatte. Alle Elefanten der Gegend versammelten sich nach dem Unfall wie auf Zuruf und ließen sich mit Drohgehabe auf den Schienen nieder. Dies meldete die indische Nachrichtenagentur.

Der erste Satz lautet im Passiv folgendermaßen:

Einen Tag lang wurde in Südindien der Verkehr auf einer Bahnlinie von Elefanten blokkiert, nachdem auf dieser Strecke ein Elefantenbaby von einem Zug überfahren und getötet worden war.

In dem Gliedsatz könnte auf die Nennung des „Täters" *(Zug)* verzichtet werden, weil die Ausdrücke *Bahnlinie* und *Strecke* bereits nahelegen, daß das Elefantenbaby von einem Zug überfahren und getötet worden ist.

Aufgabe 5:
Möglich wäre zum Beispiel:

Eine alte Frau ist auf dem Friedhof von einem Unbekannten bestohlen worden.
Gestern wurde die Fassade der neu erbauten Brüder-Grimm-Schule von Schmutzfinken mit politischen Parolen beschmiert.
Das strikte Rauchverbot wurde von vielen nicht eingehalten.

Aufgabe 6:
Zwei nette Mitschüler holen Martina heute abend ab. Der Arzt wird dem kleinen Patienten bestimmt gleich helfen.
Ein vorbeifahrendes Auto streifte Jochen und schleuderte ihn gegen die Hauswand.
Von einem freundlichen Polizisten wurde Martina in der fremden Stadt der Weg zur Jugendherberge gezeigt.
Die Firma führte den Auftrag zur Zufriedenheit des Kunden aus.

Aufgabe 7:
Kein Passiv mit: lachen, weinen, verhungern, leuchten, kommen, wachsen, steigen. Es sind intransitive Verben.

Aufgabe 8:
ist gelungen – Aktiv, Perfekt
berichtet – Aktiv, Präsens
werden . . . produziert – Passiv, Präsens
benötigt werden – Passiv, Präsens

Aufgabe 9:
Das <u>meldete</u> eine Nachrichtenagentur aus den USA.
Zwei amerikanische Bergsteiger <u>haben</u> einen Sturz über 275 Meter Höhenunterschied unverletzt <u>überlebt</u>. Ein Windstoß <u>hatte</u> die beiden Bergsteiger vom Hang in das Tal <u>geschleudert</u>.
Die Böe <u>riß</u> auch das Zelt, das das gesamte Gepäck der beiden Männer <u>enthielt</u>, in die Tiefe.
Es <u>war</u> ein schier unglaubliches Glück, daß die beiden Männer in einer Schneewehe <u>landeten</u>.

Zwei Verbformen im Passiv, zum Beispiel:
Die beiden Bergsteiger <u>wurden</u> von einem Windstoß vom Hang in das Tal <u>geschleudert</u>.
Auch das Zelt, das . . . enthielt, <u>wurde</u> von der Böe in die Tiefe <u>gerissen</u>.

Aufgabe 10:
Fassung a: Aktiv, Fassung b: Passiv

Die kurze präzise Fassung b erfüllt eher den Zweck einer Verkehrsdurchsage. Wer die Sprengmeister sind, ist für eine solche Durchsage unwichtig. Daß die Polizei den Verkehr regelt, ist selbstverständlich und muß nicht erwähnt werden.

Aufgabe 11:
Griechenland <u>wird</u> von Bränden <u>heimgesucht</u>

In Griechenland <u>haben</u> seit dem Wochenende Waldbrände mehr als 30 000 Hektar Wald- und Ackerland <u>vernichtet</u>. Gestern <u>wüteten</u> Brände am Prespa-See, wo Griechenland, Jugoslawien und Albanien aneinander <u>grenzen</u>. Durch das Feuer <u>wurden</u> in unwegsamem Gelände zahlreiche Minen <u>gezündet</u>.
Verbformen im Aktiv: grenzen, haben . . . vernichtet, wüteten
Verbformen im Passiv: wird . . . heimgesucht, (im Perfekt keine), wurden gezündet

Aufgabe 12:
Über 100 Jugendliche <u>wurden</u> von ihrer Schule <u>verabschiedet</u>.
Angeklagter <u>ist</u> entlastet <u>worden</u>.
Bauboom <u>ist</u> gebremst <u>worden</u>.
Fußballspieler <u>war</u> zu saftigen Geldstrafen verdonnert <u>worden</u>.
Verbrecher <u>wurde</u> unschuldig <u>verurteilt</u>.
Risiko wurde noch nicht genannt.
Wiedergutmachung ist gestern festgelegt worden.

Aufgabe 13:
Möglich wären zum Beispiel folgende Überschriften:
Polizei durch Einbrüche in Atem gehalten
Automarder von aufmerksamem Bürger beobachtet

Funkstreife von aufmerksamem Bürger alarmiert

Aufgabe 14:
Einige Jäger erwarteten an einer Paßenge die Ankunft einer riesigen Herde von Springböcken. Ihr Vordringen auf Weideland sollte verhindert werden. Als es Morgen wurde, erschien eine unermeßlich große Herde von Gazellen. Beim Krachen der ersten Schüsse geschah etwas Unerwartetes. Die Masse der Tiere riß nicht aus, sondern startete zum Galopp nach vorn. Wie eine riesige Flutwelle wurde die Herde auf die Jäger zugetrieben. Eilig brachten sich die Männer auf einem steilen Felsen in Sicherheit. Da wurden auch schon die Jagdhunde überrannt und von den Hufen unzähliger Tiere zermalmt.
Von ihrem sicheren Standort aus beobachteten die Jäger, wie in der Tierlawine auch artfremde Antilopen einfach mitgerissen wurden. Schwächere Tiere wurden überrannt, die anderen mußten einfach mitlaufen.
Eine ganze Schafherde wurde eingeschlossen und lief mit.

Es klingt unwahrscheinlich, aber auch ein Löwe wurde mitgerissen. Inmitten der Tiere, die sonst zu seiner Beute zählen, mußte er um sein Leben rennen.

Aufgabe 15:
Der Jubiläumspreisflug wurde von dem hiesigen Taubenzuchtverein gewonnen. Der Jubiläumspreisflug wurde gewonnen.

Eine gefährliche Einbrecherbande wurde von drei Polizisten auf frischer Tat verhaftet. Eine gefährliche Einbrecherbande wurde auf frischer Tat verhaftet.

Von dem Auktionator wurde ein teures Gemälde versteigert. Ein teures Gemälde wurde versteigert.

Eine Fußgängergruppe wurde von einem rasenden Autofahrer gefährdet. Eine Fußgängergruppe wurde gefährdet.

Nach einigen Tagen harter Arbeit wurde von den Technikern der Fehler im Computer ermittelt. Nach einigen Tagen harter Arbeit wurde der Fehler im Computer ermittelt.

Aufgabe 16:
Folgende Fassung wäre zum Beispiel möglich:

Katze von tollwütigem Fuchs gejagt
Wie die Polizei mitteilte, wurde in Babenhausen eine Wohnküche durch einen tollwütigen Fuchs verwüstet und die Hausfrau in Angst und Schrecken versetzt.
Die 37jährige Hausfrau hatte das Fenster geöffnet, um ihre Katze in den Garten zu lassen. Dort stürzte sich Meister Reineke auf die Katze, die in die Küche zurücklief. Daraufhin wurde sie von Meister Reineke verfolgt.
Die Küche wurde von dem Fuchs verwüstet, schließlich wurde er von der Polizei mit einem Stock außer Gefecht gesetzt. Ein Polizist trug ihn nach draußen und erschoß ihn.
Die Katze war von dem Fuchs nicht verletzt worden.

Aufgabe 17:
Geisterfahrer wendete auf der Autobahn
Ein „Geisterfahrer" hat gestern auf der Autobahn bei Beckum (Kreis Warendorf) einen Unfall verursacht, bei dem vier Menschen schwer verletzt wurden. Nach Angaben der Autobahnpolizei war ein 72jähriger mit seinem Wagen von der Anschlußstelle Beckum aus in die falsche Richtung auf die Autobahn A 2 Richtung Oberhausen geraten. Nach etwa 50 Metern hatte er seinen Irrtum bemerkt und gewendet.

Unbekannter entreißt Rentnerin Handtasche
Bad Lippspringe (wv). Einer 65jährigen Rentnerin, die vergangenen Donnerstag gegen 11.30 Uhr in Bad Lippspringe die Straße „Am Besring" überquerte, wurde nach Angaben der Polizei von einem Unbekannten die Handtasche entrissen. Dieser entkam durch den Jordanpark Richtung Stadtmitte. In der Tasche befanden sich eine weinrote Geldbörse mit 500 Mark, eine Scheckkarte und eine als Geschenk verpackte Herrenarmbanduhr.

Feuerlöscher löste Polizei-Alarm aus
Bonn (lnw). Ein achtlos weggeworfener Feuerlöscher hat am Mittwochabend die Bonner Polizei in Atem gehalten. Nach Angaben der Polizei war der verdächtig erscheinende Gegenstand an einer Autobahnabfahrt entdeckt

worden. Aus „Sicherheitsgründen" sperrten die Beamten daraufhin die Autobahn A 565 von Meckenheim in Richtung Siegburg. Erst nach eineinhalb Stunden war der abendliche „Spuk" vorüber. Insgesamt waren acht Streifenwagen mit dem ungefährlichen Müllteil beschäftigt.

Passivformen:

verletzt wurden – 3. Person Plural Präteritum
wurde entrissen – 3. Person Singular Präteritum
war entdeckt worden – 3. Person Singular Plusquamperfekt

Aufgabe 18:
- Kaugummiflecken:
  Ein Eiswürfel wird auf den Fleck gelegt, so daß das Kaugummi bröckelig wird. Danach kann es mit dem Fingernagel abgekratzt werden.

Aufgabe 19:
Verbformen:

wurde ... entschieden (P)/gestohlen (A)/hatten (A)/getötet (P)/gezahlt (A)/ist gedeckt (P)/haben gewonnen (A)/geborgen (P)/überfallen (P)/verloren – gewonnen (A)

Aufgabe 20:
In diesem Gedicht wird das Passiv gebraucht, um zu verdeutlichen, daß sich nach Meinung des Gedichtautors Peter Schütt der Türke Kemal Altun nicht aus freiem Entschluß das Leben genommen hat, sondern durch die Umstände dazu getrieben wurde.

Satzreihe und Satzgefüge

1. Satzreihe und Kommasetzung

Aufgabe 1:
Svenja liegt in der Sonne, Peter sitzt vor dem Fernsehapparat.
Svenja liegt in der Sonne. Aber (Und, Doch) Peter sitzt vor dem Fernsehapparat.
Svenja liegt in der Sonne, aber (und, doch) Peter sitzt vor dem Fernsehapparat.

Aufgabe 2:
- denn sie planen für das Schulfest ...
- aber Carsten freut sich immer ...
- daher (deshalb) verschlingt sie ...

Aufgabe 3:
Möglichkeiten:

Heute morgen soll Lars ein Referat über Gutenberg halten, aber Geschichte fällt aus. Viele Menschen wollten am Wissen der Zeit teilhaben, doch (aber) das Wissen konnte nur schwer verbreitet werden.

Bis zum 15. Jahrhundert wuchs die Zahl derer, die mehr wissen wollten, rapide an; daher (deshalb) suchte man nach einer einfacheren Art der Bücherherstellung.

Gutenbergs neue Ideen durften damals nicht allzu früh bekannt werden, denn einen Schutz für geistiges Eigentum gab es damals noch nicht.

Gutenberg gilt als Erfinder des Buchdrucks, doch ein geschäftstüchtiger Teilhaber nutzte seine Erfindung, und Gutenberg starb als armer Mann.

Gutenberg benötigte für seine Arbeiten sehr viel Geld, daher lieh ihm der Advokat Johannes Fust für sein Vorhaben eine beträchtliche Summe.

Gutenberg kam durch seine geniale Erfindung nicht zu Reichtum, doch der Buchdruck mit beweglichen Lettern bleibt für immer mit seinem Namen verbunden.

Aufgabe 4:
Tik tak *(nach Irmela Wendt)*

Eine Frau sprach mit ihrer Nachbarin über ihre Kinder:

„Alles geht bei uns nach der Uhr, (denn) um ein Uhr haben die Kinder gegessen, (und) bis zwei Uhr arbeiten sie an den Schulaufgaben, bis fünf Uhr dürfen sie spielen, um halb sechs essen sie Abendbrot, (danach) lernt die Großmutter noch mit den Kindern, (und) von abends sieben bis morgens sieben schlafen sie. Um acht Uhr gehen sie zur Schule, (und) um zwölf Uhr dreißig sind sie wieder zu Hause.

Daraufhin bemerkte die Nachbarin:

„Es dauert sicher nicht mehr lange, und ihre Kinder ticken wie eine Uhr."

2. Satzgefüge

Aufgabe 5:
Weil sie sich ein Buch über Kolumbus ausleihen will, will Marita in die Bücherei fahren.

Aufgabe 6:
Verena will ganz plötzlich nicht mehr mit zur Klassenparty gehen, obwohl sie zugesagt hat.

Verena will, obwohl sie zugesagt hat, ganz plötzlich nicht mehr mit zur Klassenparty gehen.

Aufgabe 7:
Wir sind uns doch wohl einig, daß Christina unsere Sprecherin wird.
Ich bin davon überzeugt, daß wir uns genügend in der SV beteiligt haben.
Ich habe Angst, daß die 8b uns zuvorkommt.
Als erstes ist es nötig, daß wir unsere Ansichten in der Schülerzeitung veröffentlichen.
Es ist selbstverständlich, daß ich das mache.

Aufgabe 8:
Weil Kolumbus von der Kugelgestalt der Erde ausging, wollte er Indien auf der Fahrt nach Westen erreichen.

Weil Kolumbus seinen Plan am portugiesischen Hof nicht durchsetzen konnte, ging er enttäuscht nach Spanien.
Kolumbus hielt bis zu seinem Lebensende an seiner Überzeugung fest, daß er den Seeweg nach Indien entdeckt hatte.

Weil Svenja heute Zeit hat, liest sie ein Buch von Stefan Zweig über den Entdecker Magellan.

Aufgabe 9:
Alles deutet darauf hin, daß wir auf Land zusteuern.
Vielleicht haben mir die Aufrührer deshalb das Leben geschenkt, weil sie selber daran glauben, daß wir dem Ziel nahe sind.
Es kann sein, daß dies meine letzte Eintragung ist.
Weil die Aufrührer vielleicht das Bordbuch ins Wasser werfen, wird die spanische Königin nie erfahren, daß ich kein weltfremder Träumer bin.

Aufgabe 10:
Beispiel:
Als zwei Frösche einmal in eine Molkerei verschlagen wurden, hüpften sie dort so lange herum, bis der eine in eine Milchkanne fiel. Weil er herauswollte, versuchte er immer wieder, an den glatten Wänden emporzuhüpfen. Da er jedoch an den glatten Wänden herunterrutschte, ließ er von seinem vergeblichen Bemühen ab, hörte auf zu springen und zu schwimmen, so daß er unterging und ertrank. Das war ein Pessimist.
Während er in seinem Milchgrab ruhte, hüpfte der andere weiter in der Molkerei herum, bis auch er schließlich in eine Milchkanne fiel. Weil er herauswollte, schwamm er hin und her und ruderte die Kreuz und die Quer. Er dachte bei sich: „Wenn ich schwimme und springe, muß ich hier doch herauskommen." Und siehe da: Weil er am nächsten Morgen auf einem Klumpen Butter saß, war dies ein erfolgreicher Optimist.

Aufgabe 11:
Beispiel:
Als Peter wiederkommt, tanzt Silke mit Lars. (Temporalsatz)
Weil die Zeit schon sehr fortgeschritten ist, verabschiedet er sich bald. (Kausalsatz)
Während er spricht, lächelt sie einem anderen zu. (Temporalsatz)
Damit sie mit in das Konzert kommt, setzt er alle seine Überredungskünste ein. (Finalsatz)
Sonja will mitkommen, obwohl sie das letzte Mal enttäuscht war. (Konzessivsatz)
Nachdem die Fete zu Ende war, wurden alle Gäste von Frau Lindemann nach Hause gefahren. (Temporalsatz)
Er bestand auf seinem Recht, anstatt daß er sich für sein unmögliches Verhalten entschuldigte. (Adversativsatz)
Wenn du mitkommst, gebe ich dir eine Cola

aus. (Konditionalsatz)
Er redete mit solcher Begeisterung auf sie ein, daß sie schließlich zustimmte. (Konsekutivsatz)

Beispiele für die Übertragung in Satzglieder:
Wegen der fortgeschrittenen Zeit verabschiedet er sich bald.
Trotz ihrer Enttäuschung beim letzten Mal will sie mitkommen.
Nach dem Ende der Fete wurden alle Gäste von Frau Lindemann nach Hause gefahren.

Aufgabe 12:
Magellan, der als Sohn eines portugiesischen Adligen geboren wurde, durchfuhr als erster den Pazifik.
Auf dieser Fahrt litt die Mannschaft, von der etwa ein Zehntel umkam, unter furchtbaren Entbehrungen.
Als Magellan am portugiesischen Hof in Ungnade gefallen war, versuchte er sein Glück beim spanischen Königspaar, von dem er sich Unterstützung seiner kühnen Pläne erhoffte.
Mit fünf schlecht ausgerüsteten Schiffen, die ihm der spanische König zur Verfügung stellte, verließ er Spanien im Jahre 1519.
Bezugsnomen und Relativpronomen:
die Mannschaft, von der...
beim spanischen Königspaar, von dem...
Schiffen, die...

Aufgabe 13:
1.
der ihm entgegenkam,

3.
mit dem er sprach,

4.
den er nach dem Weg fragte,

3.
dem er das Buch gab,

3.
vor dem sich alle fürchteten,

2.
dessen Gesicht ihm bekannt vorkam,

Aufgabe 14:
Sie traf Peter und ihre Freundin, die ein neues Kleid kaufte.

Abends traf sie sich mit Svenja bei einer Fete, die sehr gut besucht war.

Scharfe Scheren und spitze Messer muß man immer gut weglegen, damit kleine Kinder sich beim Spielen mit diesen Gegenständen nicht verletzen.

Auf dem Schulhof sprach er mit Jochen und Larissa; er verabredete sich mit den beiden für heute nachmittag.

Er begegnete Kirsten und Paul. Dem Mädchen gratulierte er zum Geburtstag.

Aufgabe 15:

- Der erste Mensch, der auf die Idee kam, daß man zum Fliegen kaum mehr als die Muskeln braucht, soll der Sage nach ein Grieche namens Dädalus gewesen sein. (e)
- Die Flügel, mit deren Hilfe Dädalus und sein Sohn Ikarus dem König Minos von Kreta entkamen, waren aus Federn und Wachs gefertigt. (c)
- Ikarus ertrank seinerzeit, nachdem er auf seinem Flug der Sonne zu nahe gekommen war, so daß das Wachs geschmolzen und er ins Meer gestürzt war. (d)
- Im Jahre 1988 zeigte ein moderner Dädalus, daß man über 120 Kilometer mit kaum mehr als Muskelkraft fliegen kann. (a)
- Der Grieche, der als Radrennfahrer viele Siege errungen hatte, mußte 75 mal pro Minute in die Pedale treten, damit sich der zerbrechliche Flugapparat in der Luft hielt. (f)
- Der Propeller des Flugapparates, der aus Balsaholz, Aluminium und Plastikfolie bestand, durfte keinen Augenblick langsamer werden, weil er sonst in das sieben Meter unter ihm glitzernde Meer gestürzt wäre. (f)

- Die Leistung, die sich der Radrennfahrer abverlangte, entsprach zwei unmittelbar hintereinander zu absolvierenden Marathonläufen. (c)
- Weil der Flugapparat am Ziel einer plötzlichen Windböe nicht standhält, stürzt er beim Landungsversuch ins Meer. (b)

Aufgabe 16:

Monika, die eigentlich mit Lars ins Kino gehen wollte (b), sagt ihm ganz unvermittelt ab, weil sie keine Lust mehr habe (a).

Carina tanzt auf der Party einmal mit Oliver, von dem sie gehört hat (b), daß er ein Supertänzer sei (a).

3. Gliedsätze/Nebensätze und ihre Rollen im Satz

Aufgabe 17:
Daß sich Pia ... (O)
Nach Erscheinen ... (Adv.)
Trotz mehrerer Verwarnungen ... (Adv.)
... der unaufmerksam war ... (Attr.)
Als der PKW ... (Adv.)
... der von einem Zeugen herbeigerufen worden war (Attr.)

Umformungen:

Pias falsches Verhalten an der Ampel merkte ...
Als die Polizei erschienen war, wurde der Verkehr ...
Obwohl er mehrmals verwarnt worden war, hielt der ...
Der unaufmerksame Autofahrer nahm einem anderen die Vorfahrt.
Beim Einbiegen des PKW in die Seitenstraße kam es ...
Der von einem Zeugen herbeigerufene Krankenwagen fuhr den Verletzten ins nächste Krankenhaus.

4. Satzbau und Stil

Aufgabe 18:
Parataxe – Text a
Hypotaxe – Text b

Beschreibung, in der jemand einzelne Beobachtungen festhält – Text a

Beschreibung, mit der jemand Park und Personen in einem komplexen Zusammenhang aufeinander bezieht – Text b

Aufgabe 19:
Während die Sonne scheint, gehen Ulrich und Ulrike im Park spazieren, vorbei an einer großen Trauerweide, (die) über den Teich hängt, auf (dem) Schwäne und Enten umherschwimmen und gründeln.

Ulrike sagt, (daß) sie gern rudern möchte; dort sei ein Steg. Sie mieten ein Boot, mit (dem) sie auf den Teich hinausrudern.
Zwar ist es schön auf dem Teich, aber dort drüben ziehen schwarze Gewitterwolken auf, (die) Ulrich veranlassen, schnell zum Ufer zu rudern, (während) ein erster Windstoß Papier aus den Abfallkörben wirbelt.
Geschäftige Terrassenober, (die) solche Sommergewitter kennen, falten die Decken zusammen und stellen die Gartenstühle schräg.

5. Satzgefüge und Kommasetzung

Aufgabe 20:
Ferdinand Reinfall war wieder einmal richtig sauer. Schon wieder hatte ihm gestern Ulrike Tausendschön eine Absage erteilt**,** dabei hatte er sich doch besonders in Schale geworfen. Er dachte noch einmal über Ulrikes Worte nach**,** und er ärgerte sich im nachhinein mächtig über sein Verhalten. Ulrike hatte ihn gar nicht zu Ende angehört**,** sein neues Jakkett hatte sie überhaupt nicht bemerkt**,** und er hatte alles so hingenommen. Ganz abrupt hatte sie ihm gesagt:
„Ich komme nicht mit**,** ich habe keine Lust."

Ferdinand Reinfall war wieder mal so richtig sauer, weil Ulrike Tausendschön ihm gestern schon wieder eine Absage erteilt hatte, obwohl er sich doch besonders in Schale geworfen hatte. Während er noch einmal ihre Worte überdachte, ärgerte er sich im nachhinein über sein Verhalten, weil er es einfach hingenommen hatte, daß Ulrike ihn gar nicht zu Ende angehört hatte, wobei sie offenbar sein neues Jackett überhaupt nicht zur Kenntnis genommen hatte. Ganz abrupt hatte sie gesagt: „Nein, ich habe keine Lust."

Aufgabe 21:
Der Bungalow, den wir für die Ferienwoche gemietet haben, liegt an einem See.

Das Theaterstück, für das keine Karte mehr zu bekommen war, mußte kurzfristig abgesagt werden, weil einige Schauspieler, die wichtige Rollen spielten, an einer Virusgrippe erkrankt waren.

Er hätte es mir bestimmt gesagt, wenn er gewußt hätte, wie man es besser macht.

Wir können erst mit der Theaterprobe anfangen, wenn Rolf und Tina, die wichtige Rollen übernommen haben, da sind.

Wir müssen rechtzeitig darauf aufmerksam machen, daß es noch fraglich ist, ob für dieses Projekt, das alle befürworten, die erforderlichen Mittel da sind, die notwendig sind.

Meine Schwester legt jede Mark, die sie geschenkt bekommt, zurück, weil sie sich von dem ersparten Geld demnächst ein Radiogerät kaufen will, das sie sich schon lange gewünscht hat.

Damit sie nicht zu lange sparen muß, hat mein Vater, der den Spareifer meiner Schwester anerkennen will, ein wenig nachgeholfen, damit ihr Wunsch bald in Erfüllung geht.

Ich vermute, daß das Fahrrad schon sehr alt ist, weil es niemand mehr haben will.

Aufgabe 22:
Auf das, was er sagte, kannst du dich verlassen.
Sie fragte mich danach, was geschehen ist.
Sie erinnerte mich daran, was ich versprochen hatte.
Wir zeigten ihnen, wo wir arbeiten.

Aufgabe 23:
Als es noch früh am Morgen war, war unsere Wanderung noch ungewiß.
Wenn wir schlechtes Wetter hätten, wäre der Ausflug nämlich nicht sinnvoll.
Während wir vor der Schule warteten, hörte plötzlich der Regen auf.
Weil die Sonne hinter den Bergen hervorkam, marschierten wir fröhlich los.

Aufgabe 24:
Jens bittet Iris, ihm bei den Physikaufgaben zu helfen.
Claudia erinnert Mia daran, heute zum Tennis zu kommen.
Julia rechnet fest damit, mitfahren zu dürfen.
Kurt glaubt, das Spiel zu gewinnen.

Aufgabe 25:
Raumfahrt nach dem Jahre 2000
Die Weltraumingenieure sehen für das nächste Jahrhundert Aufgaben voraus, die weit über erste Raumstationen hinausgehen. Eine Verlagerung von Industrie auf den Mond und orbitale Raumstationen wäre deshalb praktisch, weil man die irdische Umwelt vor weiterer Zerstörung bewahren könnte.
Die Erde könnte so die Wohnstätte der Menschheit bleiben.
Da andererseits der Aufenthalt im Weltraum im zweiten Jahrtausend längst alltäglich wäre, würden bestimmt viele Menschen gerne für längere Zeit im Weltraum leben.
Damit würde das Projekt einer Astropolis aktuell, mit dem sich manche Weltraumforscher beschäftigen. Die Himmelsstadt, die von ca. 2 000 Menschen bewohnt wäre, hätte in jeder Richtung eine Ausdehnung von zwei Kilometern. Während sie um die Erde kreiste, würde sie sich gleichzeitig um ihre Hauptachse drehen.
Menschen könnten, da sie ihr Gewicht nicht zu tragen brauchten, in künstlich erzeugten Luftströmungen wie Vögel fliegen. Sie benötigten nur kleine Flügel, die sie sich an die Arme binden würden.

Test
a) Anschlag am Schwarzen Brett für Schüler:

Ich bitte alle Schüler der Klasse 7 b, daß sie in der großen Pause die Pausenhalle vor dem naturwissenschaftlichen Trakt aufsuchen, damit ich dort allerletzte Informationen für die Klassenfahrt nach München geben kann (Abfahrtszeit u. a.).

b) Aus einem Polizeiprotokoll:

Der durch einen Schock noch heute beeinflußte Fahrer des Pkw erklärte, daß er den Lkw, der sich aus Richtung Stadtmitte mit großer Geschwindigkeit der Kreuzung genähert habe, nicht bemerkt hat, weil ihm ein Wagen der Städtischen Müllabfuhr die Sicht genommen habe.

c) Durch die Lautsprecheranlage der Schule kommt im Laufe des Morgens folgende Ansage:

Frau Niggemann und Herr Nagold erinnern daran, daß sich heute alle Schüler der Klassen 5–10, die dem großen Chor, dem Spielkreis und der Instrumentalgruppe angehören, zu Beginn der 5. Stunde in der Aula einfinden. Heute soll die erste gemeinsame Probe aller Gruppen für die Entlassungsfeier am kommenden Samstag stattfinden.

d) Die Leichtathletiksieger des Sportfestes, die zu den Bannerwettkämpfen fahren, finden sich morgen, 15. 7., auf dem Parkplatz vor der Schule ein. Der Bus, der die Bannerwettkämpfer nach Bielefeld bringt, wird pünktlich um 7.00 Uhr abfahren.

e) Nachdem die Schüler auf ihrer einwöchigen Klassenfahrt das Staatliche Museum für Völkerkunde besucht hatten, in dem reichhaltige Sammlungen künstlerischer und kunsthandwerklicher Gegenstände aus allen Teilen der Erde zu sehen sind und dessen wertvollste Neuerwerbung der letzten Jahre eine Sammlung mit hervorragenden Kunstgegenständen des Ostens ist, gingen sie auf den berühmten Viktualienmarkt, einen großen, volkstümlichen Lebensmittelmarkt im Zentrum der Stadt, der mit seinen zahlreichen Verkaufsständen eine typische Atmosphäre vermittelt.

f) Ein Rabe hatte einen Käse gestohlen und flog auf einen Baum, damit er ihn dort in Ruhe essen konnte. Als dies ein Fuchs sah, der gerade vorbeikam, rief dieser: „So einen schönen Vogel, wie du einer bist, habe ich noch nie gesehen. Wenn deine Stimme genauso schön ist wie dein Federkleid, muß man dich zum König aller Vögel machen." Dies stieg dem Raben in den Kopf, so daß er den Schnabel aufriß, damit der Fuchs seine Stimme hören sollte. Während nun der Rabe krächzte, fiel der Käse dem lachenden Fuchs in den Rachen.

Aufgabe 26:

Kaum war sie am Urlaubsort angekommen, lief sie zum Strand.
Nachdem er einmal damit angefangen hatte, konnte er so schnell nicht wieder aufhören.

Aufgabe 27:

Sie bat ihn, heute mitzukommen.
Er versprach ihr, heute pünktlich zu sein.

Test:

„Papi, wenn ich groß bin, heirate ich die Omi."
„Das geht nicht, mein Junge, du kannst doch nicht meine Mutter heiraten."
„Wieso nicht, Papi? Du hast doch auch meine Mutter geheiratet."

„Möchtest du ein großes Eis, Mami?"
„Nein danke, Elsi!"
„Gut, aber jetzt mußt du mich auch mal fragen!"

„Papa, stimmt es, daß die Lehrer bezahlt werden?"
„Ja, mein Junge, das stimmt."
„Du, das finde ich aber ungerecht: Wir arbeiten, und sie bekommen Geld dafür."

Hägar der Schreckliche
Ein guter Feldherr weiß, wann er umzingelt ist.

Das Schlimme an dir ist, daß du nie zugibst, unrecht zu haben.
Ich hatte unrecht.
Nie und nimmer gibst du zu, im Unrecht zu sein.

Und weißt du, was du auch nicht kannst?
Du hörst nie zu, was andere sagen.

Was macht ein Elefant, der auf einem Baum sitzt und nicht mehr herunterkommt?
Er setzt sich auf ein Blatt und wartet, bis es Herbst wird.

Auch wer immer um den heißen Brei herumredet, kann sich den Mund verbrennen.

„Herr Doktor, meine Frau behauptet immer, ich sei eine Uhr."
„Ach was, die will Sie doch nur aufziehen."

Test zur Zeichensetzung

1. Für eine baldige Zusage ( ) wäre ich Ihnen sehr verbunden.
2. Aus diesem Grund sind gerade deshalb Pinguine geeignete Testobjekte für das Studium von Ausmaß (,) Dauer und Bedingungen der Kältegewöhnung.
3. In der Bundesregierung hält sich leider niemand (,) nicht einmal der ( ) Bundeskanzler (,) für kompetent (,) um eine derartige Prognose zu wagen.
4. Seine einzige Unterstützung bestand in dem Funkgerät (,) falls dieses überhaupt funktionieren würde.
5. Am Aktienmarkt überwogen die Gewinne (,) was namentlich für die Autopapiere und Chemiewerte galt.
6. Bei Vertragsabschluß ist es am besten (,) alle gewünschten Zusätze schriftlich sich bestätigen zu lassen.
7. Die unmittelbare Nähe des Meeres ( ) garantierte immer eine frische Brise ( ) und versprach bei starker Hitze Kühlung.
8. In Zusammenhang mit den steigenden Produktionszahlen ( ) können auch die inländischen Unternehmen (,) allen voran unsere Firma (,) größere Aufträge verbuchen.
9. Wir hoffen ( ) mit diesem Buch sehr (,) ein deutlicheres Bewußtsein für die Lage der Auszubildenden geschaffen zu haben.
10. Wir hoffen sehr (,) nun allseits ( ) Unterstützung zu finden.

Wozu Grammatik?

Aufgabe 1:
Beispiele:
Als er (oder sie) außer Atem auf dem Bahnhof ankam, fuhr der Zug gerade ab.

Sonja wechselt den Vorderreifen aus, weil er von einem Nagel aufgeschlitzt worden ist.
Für ein zweijähriges Kind wird ein Kindermädchen gesucht, das auch nähen, bügeln und kochen kann.

Gutaussehende Dame, die ein dreistöckiges Haus besitzt, sucht seriösen Herrn zwecks Heirat.

Aufgabe 2:
Normal ist, wenn eine Schnecke Schleichwerbung macht.
Und dann war da noch der Pilot, der in die Luft ging, weil seine Maschine am Boden blieb.

Aufgabe 3:
Das weiß ich nicht. (Demonstrativpronomen)
Das Pferd lahmt am rechten Vorderfuß. (Artikel)
Das Buch, das ich ausgeliehen habe, gefällt mir. (Artikel/Relativpronomen)
Ich glaube, daß sie ihm hilft. (Konjunktion)

Aufgabe 4:
Der Ausflug, auf den sich alle gefreut hatten, mußte ausfallen, weil es so stark geregnet hatte, daß einige Wege nicht mehr passierbar waren.

Aufgabe 5:
[Karin und Peter] [sind] [heute] [zu einer Party] [eingeladen.] (Umstellprobe)

[Sie] treffen dort ihren guten Bekannten wieder. (Ersatzprobe)

Kirsten will ihr den Schritt zeigen. (Abstreichprobe)

Das hübsche junge Mädchen mit den blonden Haaren, das mir schon gestern aufgefallen ist, tanzt mit ihrem Partner so vorzüglich, daß sie von den Preisrichtern den ersten Platz zuerkannt bekommt. (Erweiterungsprobe)

Nach der Party werden Karin und Peter von der Mutter der Gastgeberin nach Hause gefahren. (Umformungsprobe)

1. Auflage 1992
5. 4. 3. 2. 1. | Die Ziffern bezeichnen
96 95 94 93 92 | Zahl und Jahr des Drucks.

Satz: Computersatz Bonn GmbH, Bonn
Druck und Bindung: Gutmann GmbH, Heilbronn
Vertrieb: Cornelsen Verlagsgesellschaft, Bielefeld
Printed in Germany
ISBN 3-589-20933X
Bestellnumer 209330

Quellenverzeichnis

S. 14: Dik Browne, Hägar, der Schreckliche. © 1992 KFS/Distr. BULLS; **S. 17:** Bruno Horst Bull, Ein schlechter Schüler (Auszug). © by the author (Alle Rechte beim Verfasser); **S. 23:** Helmut Glatz, Geschichte von Herrn M. Aus: Das achte Weltwunder, Fünftes Jahrbuch der Kinderliteratur, hrsg. von Hans-Joachim Gelberg, Beltz Verlag, Programm Beltz & Gelberg, Weinheim und Basel 1979; **S. 32:** Herr Kaiser und sein Dackel. Aus: Hans Kossatz, Willi und Familie Kaiser, Verlag Illustrierte Presse GmbH, Stuttgart 1957; **S. 35:** Wie entsteht ein Satz? Aus: W. E. Süskind, Vom ABC zum Sprachkunstwerk, Eine deutsche Sprachlehre für Erwachsene. Stuttgart 1953 (leicht verändert); **S. 51:** Wilhelm Busch, Was wäre, wenn ...? Aus: ders., Historisch-kritische Gesamtausgabe. Herausgegeben von Friedrich Bohne, Standard Verlag, Hamburg 1959; **S. 52:** Peter T. Schulz, Gullivers Lied. Aus: ders., Guten Tag! Eine Gulliver-Geschichte, DuMont Buchverlag, Köln 1983; **S. 52:** Martin Auer, Zufall. Aus: Überall und neben dir, Gedichte für Kinder, hrsg. von Hans-Joachim Gelberg, Beltz Verlag, Programm Beltz & Gelberg, Weinheim und Basel 1986, S. 64; **S. 53:** Auszug aus: Christine Nöstlinger, Nagle einen Pudding an die Wand! © Verlag Friedrich Oetinger, Hamburg 1990, S. 73; **S. 54:** Albert Janetschek, Verteidigung des Konjunktivs. Aus: Praxis Deutsch, Heft 71, Mai 1985 (Zeitschrift für Deutschlehrer), Erhard Friedrich Verlag, Seelze bei Hannover; **S. 62:** Auszug aus „Vom Fischer und seiner Frau". Aus: Marianne Pietsch (Hrsg.), Brüder Grimm, Kinder-Märchen, © by K. Thienemanns Verlag, Stuttgart–Wien 1962, S. 256–257 (gekürzt); **S. 64:** Auszug aus: Walter Kempowski, Aus großer Zeit, © 1978 Albrecht Knaus Verlag GmbH, München; **S. 64:** Helmut Zöpfl, Barmherziger Samariter modern. Aus: Sag ja zum Leben, Verlag R. S. Schulz, Starnberg 1990; **S. 77:** Geisterfahrer ... Aus: Westfalenblatt vom 15. 11. 1991; **S. 77:** Unbekannter entreißt ... Aus: Westfalenblatt vom 16./17. 11. 1991; **S. 77:** Feuerlöscher löste ... Aus: Westfalenblatt vom 18. 11. 1991; **S. 79:** Peter Schütt, Deutschstunde. Aus: Klemt/Kozinowski u. a. (Hrsg.), Platz zum Leben gesucht, Signal Verlag Hans Frevert, Baden-Baden 1987, S. 200; **S. 82:** Irmela Wendt, Tik tak (leicht verändert). Aus: Geh und spiel mit dem Riesen. Erstes Jahrbuch der Kinderliteratur, hrsg. von Hans-Joachim Gelberg, Beltz Verlag, Programm Beltz und Gelberg, Weinheim und Basel 1971; **S. 94:** Die Sonne scheint/Während die Sonne scheint. Aus: Karl-Dieter Bünting, Auf gut Deutsch. Lingen Verlag, Köln 1986, S. 297; **S. 103:** Dik Browne, Hägar, der Schreckliche. © 1992 KFS/Distr. BULLS; **S. 104:** Aus einem Test zur Zeichensetzung. Aus: Jürgen Hesse/Hans Christian Schrader, Das neue Test-Programm, © Vito von Eichborn GmbH & Co. Verlags KG., Frankfurt am Main 1988; **S. 105:** Grammatik. Aus: Heinrich Pleticha und Hans Peter Thiel (Hrsg.), Von Wort zu Wort. Schülerhandbuch Deutsch, entwickelt von der Cornelsen Redaktionsgesellschaft, München für Cornelsen Verlag, Berlin 1984, S. 432.